Mo Marlitt

Rendezvous mit mir

Mo Marlitt

Rendezvous mit mir

Frieden finden mit dem inneren Kind

HERDER

FREIBURG · BASEL · WIEN

MIX
Papier aus verantwortungsvollen Quellen
FSC® C083411

Originalausgabe

www.herder.de

Satz: Designbüro Gestaltungssaal, Rosenheim/München
Vignetten Innenteil: © Natalia Shargorodskaya - shutterstock, GalinaL - shutterstock, Alona K - shutterstock
Herstellung: CPI books GmbH, Leck

Printed in Germany

ISBN 978-3-451-03108-3

Inhalt

Eine neue Sendung

Ich spüre, wie mein Blut schneller fließt. Es pulsiert in meinen Adern. Auch wenn ich noch so viel guten Willen habe und meinen Job echt liebe, die Summe der anfallenden Aufgaben überfordert mich total. Es ist zu viel, was Sebastian da von mir verlangt. Man kann nicht eine neue Sendung konzipieren und gleichzeitig mit dem Schreibtisch in ein neues Büro umziehen.

Vor mir türmen sich Kisten und verschiedene Unterlagen. Ein Sammelsurium, das unordentlich aussieht und mich in Nervosität versetzt. Soll ich erst die Schubladen leeren oder den Bücherschrank ausräumen? Wohin mit den Büchern, die ich nicht mehr brauche? Es wäre vielleicht auch sinnvoll, erst einmal den Schrank mit den Themenordnern einzupacken, denn den brauche ich am schnellsten wieder. Oder doch erst die Schubladen? Es ist zum Närrischwerden ... wo und wie fange ich am besten an?

»Zieht dein Computer eigentlich mit um?« Sebastian, der Redaktionsleiter, schreckt mich aus meinen Gedanken auf. Er hat seine »Chefstimme« aufgelegt. Wenn er derart sonor in die Chefetage aufsteigt, bringt er mich auch nach all den Jahren noch zum Lachen. Er sieht dann so richtig albern aus, mit dem Blick über die Lesebrille hinweg.

»Es sieht hier so aus, als ob ein Umzugscoaching hilfreich wäre ...«

»Wie kommst du denn darauf?«, frozzele ich zurück.

»Will mal so sagen, ich sehe viele offen stehende Kartons und dazwischen eine Frau, die sinniert, aber eher zögerlich vorankommt.« Seine Hand wandert durch die Luft, über die Schachteln und Taschen, gerade so als wäre er ein adeliger Landbesitzer und würde auf die Vielfalt seiner Güter deuten. »Ein Kessel Buntes könnte man das nennen.«

»Möchtest du auch in diese Redaktion einsteigen?«, necke ich ihn weiter.

»Nein, mi Läidy, helfen kann ich dir leider nicht, denn ich muss noch den Redaktionsplan machen. Eine Kollegin«, er zwinkert mir zu, »kommt irgendwie nicht schnell genug voran.«

»Haha«, ich verziehe meinen Mund.

»Spaß beiseite«, jetzt wird er wirklich ernst, »vergiss nicht, spätestens am Montagmorgen müssen die Gäste für die neue Sendung stehen! Wir sollten also vor dem Wochenende unbedingt noch einmal darüber sprechen.«

Vor kaum einer halben Stunde habe ich erfahren, dass sich die Planung geändert hat und der Hörfunktalk, den ich bereits inhaltlich vorbereitet hatte, einen neuen Titel und damit eine neue Ausrichtung bekommen hat. »Glück ist doch inzwischen viel zu abgegriffen«, hatte Sebastian mit einem Mal bestimmt. »Wir brauchen eine Überschrift, ein Thema, das unsere Zuhörer bewegt. Inneres Kind wäre so eins. Was haltet ihr davon? Mit dem inneren Kind liegen wir ganz nah am Puls der Zeit.«

Wer auch immer diesen Puls gemessen hat!

In letzter Minute schnell noch einen neuen Dreh finden, das ist in Redaktionen Alltag. Ich arbeite schon zu lange als Radioredakteurin, um mich darüber noch zu erschrecken. Es ist sozusagen Berufsrisiko. Radio ist schnell. Viel schneller als Fernsehen. Wenn Gäste nicht anreisen können, kann man sie zur Not auch zuschalten. Hören tut man das fast gar nicht. Also gibt es wenig Gründe, einen unliebsamen Auftrag nicht anzunehmen.

Aber diesmal ist es anders. Mit diesem neuen Thema, »inneres Kind«, kann ich absolut nichts anfangen. Vermutlich wäre ich motivierter, müsste ich nicht umziehen und mein geliebtes Nest verlassen. Aber beides – das ist echt zu viel. Drücken kann ich mich auch davor leider nicht, denn die Redaktion wächst. Neue Menschen brauchen neue Schreibtische und neue Schreibtische brauchen Platz. Das Schreibtischkarussell wurde also angeworfen und damit wanderte der meine in ein neues Zimmer.

Nina, meine junge Kollegin, muss auch aus unserem gemütlichen Arbeitsstübchen ausziehen. »Es gibt Redaktionen«, weiß sie, »da hat niemand mehr einen festen Schreibtisch, sondern sucht sich jeden Morgen einen neuen Platz. Das ist kreativ! Ich sehe das so: dass wir jetzt umziehen, schenkt auch einen neuen Blick auf unsere Arbeit und gibt neuen Schwung.«

Diese Sprüche kenne ich und wenn es mir gut geht, dann kann ich auch kluge Weisheiten von mir geben, mehr noch: Ich würde sie vielleicht sogar leben. Aber heute bin ich insgesamt ein wenig neben der Spur. Im Grunde ist es einer der Tage, an denen man mittags am liebsten noch mal neu beginnen möchte und abends alles schnell vergessen. Ich bin genervt, weil zu viel auf einmal ansteht, oder liegt es vielleicht ... Mein Blick fällt auf den Mondkalender ... Vollmond! Klar, in diesen Phasen bin ich immer dünnhäutig und leicht reizbar. Je voller er wird, desto sensibler reagiere ich. Manchmal zeigt sich das in Produktivität. Doch manchmal legt mich der Mond auch richtiggehend lahm.

Schon als Kind war ich an Vollmondtagen entweder weinerlich oder ich fühlte mich voll Kraft und Schaffenswillen. An guten Mondtagen bin ich nicht auszubremsen. Als Kind kannte ich keine Ruhe. Malen wollte ich, kneten, mit meinen Puppen spielen oder Märchenschallplatten bis zur Erschöpfung hören. Kaum war das Licht aus und die Tür geschlossen, schlüpfte ich auch schon aus dem Bett, schlich leise zum Fenster und beobachtete den Vollmond, wie er über der Wiese stand. Ich bin ein Mondkind. Seine Phasen steuern mich. Wenn er voll wird, dann passiert etwas mit mir. Heute ist seine positive Kraft irgendwo auf der Milchstraße hängen geblieben.

Paul, mein Freund, ist da völlig anders. Rational. Lösungsorientiert. Er weiß ziemlich genau, was mir an wackeligen Vollmondtagen guttut. Aber ausgerechnet jetzt, wo einer dieser Tage ist und ich mich nach seinen Armen und seiner Zuwendung sehne, macht er ein Trainingswochenende, exakter: einen Joggingkurs, im Schwarzwald, als gäbe es in unserer

Nähe kein Fitnessstudio, keine Kurse übers Internet oder irgendwelche Lauf-Apps fürs Handy!

Damit mich jetzt wenigstens eine zur Kenntnis nimmt, nämlich ich, atme ich geräuschvoll durch die Nase ein und durch den Mund wieder aus. Es ist ein Puh-Laut, der akustisch verdeutlicht, dass ich mich weder mir noch der Welt gewogen fühle. Genug nachgedacht. Ich hänge dem Zeitplan wirklich hinterher und in der Redaktion gibt es keinen Mondschein-Bonus.

»Kommst du bitte?«, Sebastian schaut schon wieder rein. »H.J. will noch mal mit uns brainstormen.« H.J. ist der Moderator der Sendung. Letztes Jahr wurde er 61 Jahre alt und seitdem darf man ihn nicht mehr Hans-Jürgen nennen, denn er findet, das mache ihn älter, als er sei. Kein Kommentar. Und weg ist Sebastian, wie ein Blitz, aber dann, als könne er sich doch nicht richtig lösen, ist er auch schon wieder da. Seitlich streckt er seinen Kopf durch die Tür zu mir herein. »Du weißt schon, dass ein paar Bleistifte in der Schachtel keinen Umzug machen? Du solltest dringend mit dem Packen anfangen.«

Im Hintergrund höre ich H.J.s Stimme. Sein lauter Bass schwingt bis zu meinem Schreibtisch und lässt mich unfreiwillig an einem Telefonat mit einer Hierarchiestufe höher teilhaben. Wenn es um die Sendung geht, kämpft er wie ein Löwe. »Dorothea macht das!«, höre ich ihn sagen. »Wir kriegen das hin. Inneres Kind ist super!«

Sein »Dorothea macht das« erinnert mich an Kindertage. Vielleicht habe ich deswegen keine Lust auf dieses innere Kind. Ich bin froh, dass meine Kindheit vorüber ist. Jetzt legt H.J. geräuschvoll auf. Also stehe ich auf, streiche mir über Bluse und Rock und mache mich auf den Weg zur Stehkonferenz.

Auf dem Gang herrscht hektisches Treiben. »Brauchst du die Kaffeekanne heute noch?« Nina, meine Noch-Zimmergenossin, ist mit dem Einpacken bereits so gut wie fertig. Sie hat die Kanne aus der Teeküche geholt, um sie ebenfalls zu verstauen. »Nein, ... doch, ... ach, ich weiß nicht. Nimm sie ruhig schon mit«, stottere ich, während ich zu den Chefs hetze.

»Und der Wasserkocher?«

»Auch. Ich werde ohne dich weder essen, noch trinken«, versuche ich es mit einen kleinen Scherz. Sie rollt mit den Augen, will etwas kontern, aber Sebastian drängelt und so flitze ich nur wild gestikulierend an ihr vorbei. »Wo bleibst du denn?«

»Bin schon da.« Eine Redakteurin ist kein ICE, wobei ich in diesem Fall ja auch einfach auf der Strecke hätte stehenbleiben können. Oberleitungsschaden. Nichts kommt mehr an und nichts geht hinaus. Es ist doch erstaunlich – schießt es mir durch den Kopf, als ich Platz nehme –, dass ich auch an schlechten Tagen zumindest zu einem bisschen Ironie noch fähig bin. Zu mehr innerem Zuspruch reicht es allerdings nicht, denn Sebastian und H.J. brüten mit qualmenden Köpfen vor dem Flipchart, und was ich auf den ersten Blick erkenne, sieht nach Überstunden und Finger-wund-Wählen aus.

»Also Doro«, Sebastian dreht nachdenklich den Stift in der Hand und dann erklärt er mir die Skizze auf dem Blatt. »Das Beste aus zwei Welten: mein inneres Kind und ich« steht da geschrieben. Ich weiß nicht, an welche Welten die beiden denken. Meine Erwachsenenwelt ist ziemlich klar, aber die des inneren Kindes hüllt sich in Nebel. Weiter entfernt als der Mond. Ist es wirklich ein Zeitproblem oder will ich nicht verstehen oder habe ich Berührungsängste? Im Moment kann ich es nicht bestimmen, zu sehr wehre ich mich dagegen. »Können wir nicht beim alten Thema bleiben?«, versuche ich es erneut. »Das ›Glück‹ war doch schon fertig und nun fangen wir wieder von vorne an!«

»Mal schauen.« Sebastian ruft kurzerhand die gesamte Etage zu einer Stehkonferenz zusammen. Er will das Thema prüfen. Das ist meine Chance, jubiliere ich innerlich. Doch kaum hat Sebastian ein paar einleitende Worte gesprochen, nicken auch schon alle los, Beispiele und Satzfetzen fliegen durch den Raum. So, als wäre dieses innere Kind ein Allerweltsthema, etwa wie: »Machen Diäten dick oder schlank?«

Es ist, als wäre ich noch mal in der Schule und alle außer mir haben ihre Hausaufgaben gemacht. Aus meinen Kolleginnen und Kollegen sprudelt es nur so heraus und Erlebnisse, Erkenntnisse und Antworten prasseln von allen Seiten auf mich ein.

»Das ist doch ein super Thema«, wird Lotte richtig aufgeregt, »das innere Kind spiegelt unsere innere Erlebniswelt. Es ist stark, wenn du eine glückliche Kindheit hattest, wenn man dich wertgeschätzt hat, gefördert, geliebt. Wenn man ehrlich mit dir war und deine Eltern ein gutes Verhältnis zu sich und anderen hatten. Da gibt es bestimmt viele Menschen, die dazu etwas erzählen wollen.«

»Und was ist wenn nicht?«, meckere ich gegen die rosaroten Brillen, denn wer kann schon wirklich von einer richtig guten Kindheit erzählen? Ich jedenfalls kenne niemanden, der nicht wenigstens gelegentlich über Mutter oder Vater klagt. Paul mal ausgenommen, der, was das angeht, ein wahres Glückskind ist. »Meine Mutter«, werfe ich in die Runde, »war zum Beispiel total streng. So geht es doch vielen. Haben die dann trotzdem ein inneres Kind oder ist an seiner Stelle nur ein Vakuum im Bauch?« Das soll provozierend klingen, das Team geht aber gar nicht darauf ein. Zu schade, denn auch das wäre eine Chance gewesen, das Thema einfach zu beenden und das Glück zu fahren, wie wir es vorgesehen hatten.

»Solche Geschichten sind es doch«, Nina nickt und runzelt gleichzeitig die Stirn, »die diese Sendung interessant machen.« Sie klopft mit dem Bleichstift auf ihr Heft. Ich kenne das; sie macht es immer, wenn ihr etwas total wichtig ist. »Die Sendung könnte aufzeigen, wie man mit dem eigenen inneren Kind spricht und hört, wenn es etwas Trauriges erzählen möchten. Du kannst eine miese Kindheit nämlich rückwirkend zurechtrücken. Du solltest das sogar, denn wie viele Menschen reden mit sich selbst so streng, wie das einst Mutter oder Vater taten. Das ist nicht gut, denn es macht Stress.« Spricht sie von mir? Für einen Augenblick fühle ich mich regelrecht ertappt und könnte explodieren.

»Manche«, meint Lotte, »sind sogar noch strenger mit sich selbst, als es ihre Eltern waren, oder nehmen sich sogar gar nicht ernst. Die haben dann zum Beispiel Stress und treiben sich immer weiter an, weil sie gar nicht merken, wie sehr sie sich überfordern. Oder sie fühlen sich von jemandem angegriffen, obwohl der Grund eigentlich eine Verletzung in Kindertagen ist. Weil sie ihrem inneren Kind nicht zuhören, bekommen sie es nicht mit und lassen ihren Ärger vielleicht an der falschen Stelle raus.«

»Genau!«, Nina nickt Lotte zu. »Und gewonnen ist gar nichts!«

»Dahinter stecken immer Erlebnisse, kein Ärger kommt von allein«, Sebastians Körper bildet vor lauter Engagement schon kleine Schweißperlen auf der Stirn. »Ein Freund von mir, zum Beispiel, fühlt sich oft unwissend, manchmal richtig dumm. Als wir mal darüber sprachen, kam heraus, dass er in diesen Momenten in die Kindheit rutscht. Es war in der Grundschule, sie feierten Fasching und er wollte gerne Cowboy sein. ›Cowboy‹?, fragte seine Mutter. ›Du weißt doch gar nicht, was das heißt.‹ Natürlich wusste er das nicht, er war ja gerade erst in die Schule gekommen. ›Kuhjunge!‹, erklärte sie gehässig.

Dieses Lachen klingt in ihm immer noch nach, und meist dann, wenn er sich selbst unter Druck setzt. Dann sieht er ihr Gesicht und kann die Scham noch immer fühlen. Diese dämliche Geschichte hemmt ihn bis heute, den Mund aufzumachen.«

»Oder denkt mal an diese ganzen fiesen Lehrer, die sich überheblich über die Schüler stellen.« Lotte schaut ziemlich ernsthaft drein. »Überlegt mal. Früher wurden Kinder in der Schule sogar geschlagen.«

»Das sind wirklich sehr gute Beispiele«, reibt sich H.J. genüsslich die Hände. »Ich könnte mit den Gästen darüber diskutieren, ob man im erwachsenen Alter sein inneres Kind glücklich machen kann, selbst wenn die Kindheit schwierig war.«

»Ja!«, sprudelt Lotte weiter. »Genau. Es gibt innere Kinder, die sind glücklich und andere eher nicht. Wie können Menschen ihrem traurigen oder verzagten inneren Kind Kraft und Mut geben?«

»Mit einer Infusion …?«, kommentiere ich und damit ist die Stehkonferenz beendet.

Alle gehen zurück zu ihren Arbeitsplätzen, wenden sich den eigenen Aufgaben zu oder machen für diese Woche Feierabend. Erstaunt klingt es in mir nach, dass sie alle etwas dazu wussten. Wenn das so ist, dann ist es vielleicht doch ein gutes Thema. Aber warum komme ich damit nicht in Kontakt? Die Geschichte mit dem Kuhjungen, sie hätte auch mir passieren können. Meine Mutter wusste auch immer alles besser. Sie war pingelig und furchtbar genau. Meine Hausaufgaben mussten fehlerlos, die Handschrift sauber, das Zimmer aufgeräumt, die Hände gewaschen, stets musste ein gebügeltes und ordentlich gefaltetes Stofftaschentuch in der Tasche sein. Sie tat es wegen sich, weil sie dadurch als gute Mutter glänzen konnte. Auf mich wirkte sie eher kalt und leblos. Doch welche Motivation sie auch immer hatte, ich habe dadurch gelernt, was Disziplin und Durchhaltevermögen sind. So gesehen war meine Kindheit zwar streng, hatte aber auch etwas Gutes. Nur heute merke ich davon nicht viel. Und, wie auch immer, sie ist sowieso schon längst vorbei. Wenn man umziehen muss, sollte man sich zusammenreißen und nicht in der Kindheit kramen. Und dann auch noch dieser bescheuerte Vollmond …

Zurück in meinem Büro, sortiere ich die Notizen. Auf den gelben Zetteln stehen Stichpunkte, die sich auf den Inhalt beziehen. Auf den grünen mögliche Schwerpunkte und Widersprüche. Auf den roten, was die Sendung heiter macht: Welche Comedians schlachten zum Beispiel ihre traurige Kindheit witzig aus? Ich nehme mir als Erstes die gelben Zettel vor. Auf jedem steht eine Eigenschaft oder Zustandsbeschreibung:

Selbstvertrauen
Selbstbewusstsein
Selbstwirksamkeit
Achtsamkeit
Resilienz
Sicherheit
Wertschätzung
Kontakt und
Liebe

Sicherheit … Ich glaube, damit ist innere Sicherheit gemeint und wie man Sicherheit in der Kindheit fühlte. Schon rutsche ich wieder in die Kindheit zurück. Sicher fühlte ich mich selten und in meiner Kindheit ... nein, beschließe ich, besser ich fange mit den Fakten an. Wahllos klicke ich mich durchs Internet, lese mal hier, mal dort ein paar Zeilen und finde eine Meditation, die beschreibt, wo dieses Gefühl aus Kindertagen sitzt. Ich lege die Hände auf meinen Bauch. Zart spüre ich ein Klopfen. Es ist mein Puls. Ist es? Irritiert öffne ich die Augen. Noch mal lausche ich in mich hinein. Nichts. Außer Kaffeegluckern ist nichts zu hören. Und dem »Pling«, das mitteilt, dass eine Nachricht gekommen ist.

»Es wäre gut, wenn du jemanden finden könntest, der mit seinen Problemen erst dann umgehen konnte, nachdem das eigene innere Kind gefunden wurde. Beziehungsprobleme, Konflikte im Beruf, egal ...«, schreibt Sebastian.

»Oh no!«, stöhne ich laut auf. In diesem Augenblick spaziert Lotte zu mir herein. »Aha«, lacht sie fröhlich. »Wie unschwer zu erkennen ist, bist du schon mitten drin.« Sie legt mir lachend einen Zeitungsausschnitt auf den Tisch. »Den kannst du vielleicht gebrauchen. Da ist auch ein Experte benannt.«

»Du bist ein Schatz!«, bedanke ich mich. Es ist super, wenn Kollegen einen bei schwierigen Themen unterstützen. Bereits wieder in der Tür, dreht sich Lotte noch mal um. »Ach ja, beinahe hätte ich es vergessen: Der Glücksforscher der geplatzten Sendung ist vorhin telefonisch bei mir gelandet. Ich habe gesagt, du meldest dich bei ihm.« Sie verzieht mitfühlend den Mund. Absagen ist nicht schön. Ganz besonders dann, wenn die Interviewgäste nicht damit rechnen und ein Ersatz noch nicht in Sicht ist. Besser ich stärke mich für dieses Gespräch.

Was ich an mir mag?

Stärkung bekomme ich in der Teeküche und dort treffe ich Nina. »Unsere Kaffekanne habe ich schon eingepackt, aber die Teekanne ist noch da!«. Sie winkt mir mit dem alten, rot gepunkteten Gefäß zu.

»Und was, wenn mein inneres Kind keinen Tee mag?«

»Na, dann nimm doch einen Saft!«, Nina ist bestens gelaunt. Offenbar macht es ihr nichts aus, in ein anderes Zimmer übersiedeln zu müssen. »Ich würde dich ja gerne unterstützen«, versucht sie mich zu trösten, »aber wir sind dieses Wochenende bei Freunden im Harz.«

Ja genau, es ist Wochenende! Hätte ich neulich nur nicht erwähnt, dass ich Strohwittwe bin, weil Paul einen Kurs besucht. Etwas in mir fühlt sich überfordert, alleingelassen und bestraft. Mit guten Leuten geht man doch nicht so um!

»Du wirst sehen, das Thema läuft wie von selbst«, tröstet Nina mich, als wir zurück in unser Noch-Büro schlendern. »Mach keine Doktorarbeit daraus.«

»Ich hoffe nur, es ändert sich nicht noch mal etwas.« Auch von dem ursprünglichen Thema waren Sebastian und H.J. anfänglich total begeistert gewesen.

»Brauchst du noch was, Doro?«

Sebastian!

Er schaut übertrieben besorgt. Diesen Blick kann ich jetzt wirklich nicht gebrauchen.

»Ja klar brauche ich was, oder sehe ich etwa so aus, als ob das hier flutscht?«, ich zucke entrüstet mit den Achseln. »Ich will, dass das eine gute Sendung wird, aber ich habe keinen inneren Zugang zum Thema, und keine Ahnung, wie und wo ich ihn finde. Wenn ich das gut machen soll, benötige ich mehr Zeit. Und außerdem muss ich umziehen und es ist Wochenende.«

»Du kennst H.J. doch. Wenn er etwas will, dann bekommt er es. Natürlich schreibst du dir die Überstunden auf! Und außerdem«, sein Blick schweift über die halb gepackten Kartons, »du bist ja schon fast fertig mit einpacken!«

Macht er Scherze? Es hat sich seit vorhin nichts verändert. Er dreht es eben, wie er es braucht, und dann dampft er davon. So ist es in dieser Redaktion. Für alles bleiben immer nur Momente. Keiner nimmt sich wirklich mal angemessen Zeit. Wieder denke ich an meine Mutter. Sie hatte auch keine Zeit für mich. Stets unter Zeitdruck setzte sie sich zu mir, um ein Diktat zu üben oder Vokabeln abzuhören. Immer stand sie unter Strom, immer gab es etwas Dringenderes, Wichtigeres als mich. Hinbekommen habe ich es dennoch immer, aber ich fühlte mich allein und manchmal sogar im Stich gelassen.

Auch von Paul fühle ich mich heute verlassen, obwohl er an dieser Krise völlig unbeteiligt ist und nicht mal ahnt, dass ich kein lockeres Wochenende haben werde. »Erhol dich gut von mir«, hatte er mir beim Abschied scherzhaft zugerufen. Weder werde ich mich von ihm noch von mir erholen können, denke ich für mich. Im Gegenteil, es sind noch ein paar Personen mehr geworden, die mir das Wochenende zur Hölle machen werden. Allen voran dieses innere Kind, die Ideen meiner Kollegen, der Cowboy, meine Mutter und auch Zwerg Furcht, der sich mir auf die Schulter setzt, wenn ich mich verlassen und überfordert fühle. Ganz durcheinander macht mich die Vielzahl der Gedanken, die ich habe. Wenn ich jetzt nicht aufpasse, fange ich an zu heulen.

Um mich zu beruhigen, ignoriere ich tapfer die

nicht gepackten Kartons, beachte nicht die Zeitungsausschnitte und Bücher, die Nina mir netterweise auf den Tisch gelegt hat, sondern mache eine Pause, schaue dem Treiben der Blätter vor meinem Fenster ein wenig zu. Gelb tanzen sie im blauen Himmel. Der Rasen im gegenüberliegenden Park ist noch grün. So grün, dass man fest daran glauben möchte, dass der Sommer ewig dauert, obwohl die Tage immer kürzer werden. Spazieren gehen, mit Paul wandern, das wäre jetzt gesund und klug. Nicht räumen und über innere Kinder nachdenken. Mein Blick fällt auf Nina, die ihre letzten Sachen packt. Sie macht das mit so viel Optimismus. Warum nur geht mir dieses Positive völlig ab? Woran liegt es, dass ich Druck verspüre? Stimmt es wirklich, dass es da eine Verbindung zu meiner Kindheit gibt? Wir haben doch immer Koffer gepackt, meine Vorfahren allemal, weil die ja durch den Krieg ihre Heimat verloren hatten.

»Mir gefällt das Nachdenken über das innere Kind«, sagt Nina, blickt prüfend in den Schrank und beißt dabei geräuschvoll in einen Apfel. Während ihre Zähne das Kerngehäuse zerkauen, stelle ich mir vor, der Apfel sei diese Sendung. Draufbeißen, kleinmalmen, verdauen. »Mir würde da eine ganze Menge einfallen.« Sie schließt den Schrank und lehnt sich an den Schreibtisch. »Das Thema ist mir vor Monaten schon mal begegnet. Eine Freundin von mir wollte mit ihrem Freund zusammenziehen und dann bekamen sie Streit, denn er wollte in ein Haus ziehen und sie nur in eine Wohnung. Häuser würden ihr Angst machen, sagte sie. Irgendwann kam sie darauf, dass diese Angst noch aus Kindertagen stammt. Ihre Eltern gingen immer viel aus und ließen sie alleine zu Haus. Als kleines Mädchen fürchtete sie sich schrecklich in dem großen Haus. So ganz allein. Nachvollziehbar, oder?«

»Und wie haben deine Freunde es gelöst?«, will ich es jetzt genauer wissen.

»Nun«, Ninas Gesten zeigen mir, dass die Lösung einfach war. »Als sie es verstanden hatte, konnte sie anders mit sich sprechen. Sie schimpfte nicht mehr, sondern hatte Verständnis für sich und mit ihrem Freund konnte sie überlegen, welche Hilfe oder andere Lösungen es gab. Am Ende sind sie dann in eine

Maisonettewohnung gezogen«, lacht sie und hebt dabei die Arme zu beiden Seiten hoch. »Sie fühlte sich auf einmal frei. Frei wie ein glückliches Kind. Man konnte es ihr ansehen.«

»Kinder sollten glücklich sein«, kann ich da nur sagen. »Es ist ihr Recht. Ich habe Freundinnen, bei denen blitzt das kindliche Glück auch im Erwachsenenalter richtiggehend aus den Augen heraus. Die können sich so aus dem Herzen freuen und sind wie Kinder, die lachend in Muttis Arme laufen. Wie warst du denn, als du klein warst?«

»Na ja. Habs ja vorhin schon angedeutet. Besonders lustig war es nicht.« Von wegen offene Arme ... zum Glück will Nina nicht wirklich eine Antwort hören, sondern sich lieber Richtung Feierabend bewegen.

»Lebt deine Mutter eigentlich noch?«, will sie nach ein paar Minuten der Stille dann doch noch von mir wissen.

Ach Nina.

Ich versuche ruhig zu bleiben. Sie soll nicht merken, dass mich da etwas am seelischen Schlafittchen packt. »Ja. Sie lebt in einem Seniorenheim. Dort ist es ganz nett, aber es ist ein Stück weit zu fahren. Nächstes Wochenende wird sie 85 Jahre.«

»Du erzählst nie von ihr ...«

»Was soll ich erzählen? Wie gesagt, sie war streng. Ist es eigentlich noch immer. Nur ist jetzt das Pflegepersonal dran.«

»Ach echt? Das merkt man dir gar nicht an. Du bist immer so gelassen.«

Jedes Mal, wenn mich jemand als gelassen, ausgeglichen oder zuversichtlich beschreibt, bin ich erstaunt. Ich selbst sehe mich nicht so. Im Gegenteil. Unsicherheit, Getrieben sein und Zweifel machen mich aus. Kaum zu fassen, dass man das nicht merkt.

»Wie auch immer deine Kindheit war«, Nina schaut mich warmherzig an, »sie hat dich zu der Frau gemacht, die du bist: unglaublich sympathisch, authentisch, mitfühlend und glaubwürdig.«

Das kann ich nicht richtig annehmen. Es ist mir fast peinlich, wie sie mich beschreibt. Schnell lenke ich von mir ab. »Wie war das denn bei dir? Sind Mütter denn nicht immer streng? Zumindest so ein bisschen ...«, der Halbsatz lässt meinen Unglauben durchscheinen. Natürlich weiß ich, dass meine Mutter ein besonderes Kaliber in der Erziehung war. Die Mütter meiner Mitschülerinnen waren oft großzügiger und geduldiger. Aber auf irgendeine Art muss doch jede Mutter streng sein, oder?

»Strenge ist nicht ihre Stärke, aber es hat auch ohne ganz gut geklappt.« Nina scheint ihre Mutter wirklich zu mögen. Ihr Gesichtsausdruck ist jetzt richtig warm und ich spüre, dass sie Liebe fühlt. »Sie hat mich und meinen Bruder mit Verständnis erzogen, viel erklärt, aber das Schönste war, dass sie nie auf uns einredete, sondern viele Fragen stellte. Im Grunde haben ihre Fragen uns erzogen.«

»Wie meinst du das?« Ich kann Nina nicht ganz folgen. Man kann doch mit Fragen nicht erziehen. Anweisungen, die geben eine Richtung vor.

»Am besten erkläre ich es an einem Beispiel. Nehmen wir einmal an, deine Mutter wäre jetzt hier im Raum und du wärst wieder Kind. Was denkst du, was würde sie fragen, angesichts der Situation und der Aufgabe, die du gerade hast?«

»Also, wenn sie mich jetzt hier sehen würde, zwischen all den nicht gepackten Kisten und der unkonzipierten Sendung, dann würde sie sagen: ›Typisch! Ist das wieder einer deiner Ablenkungsmanöver, um dich vor der Arbeit zu drücken?‹«

»Na super. Und das Fragezeichen am Schluss des Satzes ist gar keines, sondern eine eitle Behauptung mit Ausrufezeichen«, Nina klatscht vor Empörung in die Hände. »Deine Mutter war ganz schön gerissen. Ich fühle mich jetzt ja direkt mitschuldig, dass ich mit dir spreche und dich, wie sie sicher sagen würde: ›sträflich ablenke‹.«

»Was hätte denn deine Mutter zu dir gesagt, ich meine, gefragt?«

Nun wird es für mich wirklich spannend. Ich habe meine Mutter noch nie so direkt mit anderen verglichen.

»Vermutlich: ›Schätzchen, ich sehe, dass du dich mit Nina unterhältst, bringt sie dich weiter oder hält dich die Unterhaltung mit ihr auf?‹«

So wäre es also auch möglich gewesen.

»Wie wäre es«, frage ich Nina und hoffe, dass sie das Zittern in meiner Stimme überhört, »wenn du in diese Sendung kämst? Mir würde das nicht nur inhaltlich, sondern auch praktisch weiterhelfen, denn mit dir hätte ich den ersten Gast auf der Liste.«

Natürlich weiß ich, dass das nicht geht. Redakteure treten nicht in den eigenen Sendungen auf. Aber ich muss mich kurz ablenken, muss aus dieser Stimmung raus. Es ist schön, Nina zuzuhören, aber es ist auch ein wenig schmerzlich. So eine Mutter hätte ich auch gerne gehabt. Eine, die mich lobt und gut findet und nicht eine, die kritisch und mit dunklem Gesichtsausdruck auf meine Noten blickt. Nina ist eine junge Frau, die als Kind verständnisvolle Liebe erlebt hatte. »Hören Sie selbst, was Zutrauen und Liebe aus kleinen Menschen machen«, könnte H.J. sie anmoderieren. Schöner Satz. Ich kenne auch Liebe. Paul liebt mich zum Bespiel. Und Papa, der hat mich auch geliebt. Er hatte einen anderen Erziehungsstil als meine Mutter. Vor allem aber liebte mich meine böhmische Oma.

»Liebst du dich eigentlich?«, Nina scheint offenbar meine Gedanken lesen zu können.

»Ja«, stottere ich, wenig von der Antwort überzeugt.

»Und hast du Verständnis mit dir oder bist du auch so zynisch, konsequent und ungeduldig mit dir, wie es deine Mutter mit dir war? Am Ende noch im selben Ton?«

Dummerweise trifft Nina erneut ins Schwarze. Wenn ich genauer in mich höre, weiß ich wohl, dass ich mir oft eher barsche Anweisungen erteile, als interessierte oder motivierende Fragen zu stellen. Das möchte ich nun aber nicht weiter vertiefen.

»Interessante Frage«, schmeichle ich mich auf Distanz. »Aber ich befürchte, wir dürfen darüber das Packen nicht vergessen, der Hausmeister wird bald kommen, um die Sachen abzuholen.«

Geschäftig sortiere ich die Unterlagen auf meinem Schreitisch. Ich flüchte mich geradezu in einen blinden Aktionismus, indem ich alte Papiere geräuschvoll zerknülle und andere gewissenhaft in den dafür vorgesehenen Karton lege. »So viel Zeug«, stöhne ich laut. Mein Blick fällt auf die Schneekugel mit dem Mond, die noch neben meinem Bildschirm steht. Liebe ich mich? Meine Zähne knabbern sich an der Unterlippe entlang.

»Woran erkennst man denn, dass man sich liebt?«, unterbreche ich nun selbst den eben erschaffenen Abstand. Nina denkt nach, ich kann es sehen. »Das merkt vielleicht jeder auf seine eigene Weise. Ich mag bestimmte Macken an mir, zum Beispiel, dass ich Äpfel ziemlich geräuschvoll esse.« Jetzt lachen wir beide. Das ist ein süßes Statement. Keine weitere Erklärungen nötig. Wir sind ein gut eingespieltes Team. Fast möchte ich wehmütig »Nein!« schreien, als sie sich Tastatur und Telefon unter den Arm klemmt, um sie an ihren neuen Platz zu bringen. »Falls der Hausmeister kommt, ich bringe das nur schnell schon rüber.«

Ich schüttle die Kugel mit dem Halbmond, der Schnee beginnt glitzernd zu tanzen. Wie wäre ich geworden, hätte ich eine Mutter wie Nina gehabt? Viel anders? Der Schnee der Mondkugel tanzt vor meinen Augen und ich wäge ab, was ich an mir mag und was nicht. Welche Macken finde ich an mir nicht lästig, sondern liebenswert?

Ich bin eine Schneekugel auf zwei Beinen. Alle Gefühle, die dieses innere Kind in mir auslösen, dann noch die Umzugssituation und der Vollmond tanzen wie Kunstschnee um mich und verbreitet großes Interesse, aber auch kreative Unordnung. Erkennen kann ich das große Ganze so nicht.

»Ich habe kein inneres Kind«, kritzle ich gedankenverloren in mein Notizbuch, als mich ein tönender Bass in die Gegenwart zurückholt.

»Wann können wir Ihre Kisten denn nun transportieren?« Oh je, Herr Maier, der Hausmeister, mit seinem Kollegen. »Ich weiß ja, dass Sie gerne in diesem Büro bleiben möchten, aber da oben haben wir es Ihnen schon hübsch heimelig gemacht und nun wäre es einfach zu freundlich, wenn Sie sich ein bisschen beeilen würden. Unsereins will auch mal heim.«

Charmant schinde ich mir einen Aufschub heraus, binde verschiedene Ordner mit einer Schnur zusammen, klaube vertrocknete Gummibänder und verstaubte Büroklammern aus den Fächern meines Schreibtisches und klebe bereits gefüllte Kartons mit Klebeband zu. Nach einer Weile habe ich immerhin diese Aufgabe erfolgreich erledigt, Herr Maier kann gerne wiederkommen.

Die Unterlagen, die ich zur Vorbereitung der Sendung noch brauche, liegen fein säuberlich sortiert neben meiner Tastatur.

»Hier, hab noch was gefunden«, Nina kommt, schon in der Jacke, noch mal reingesprungen und legt mir eine Seite auf den Tisch, die aus einem Elternmagazin gerissen wurde. »Eltern sind Kinder von Eltern« lautet die Überschrift. »Das ist ein super interessanter Gedanke. Auch deine Mutter wurde nicht so geboren, wie du sie erlebtest, so streng und unnachgiebig, sondern ist das Produkt der Erziehung ihrer Eltern. Als sie Kind war, war sie sicher auch ein kleines Mädchen, dass sich nach Liebe, Lob und Anerkennung sehnte. Man hat ihr das nur nicht gegeben. Wie sollte sie dann loben lernen?«

Sie blickt mir über die Schulter, und nach einem kleinen Moment des Schweigens bückt sie sich zu mir. »Doro ...«, ihre Stimme klingt nahezu mütterlich, »alle Menschen und auch du hast ein inneres Kind!« Offenbar hat sie meine Notiz gelesen. »Jeder hat eins. Du hast nur gerade keinen Kontakt zu ihm.« Sie nimmt mich in den Arm. »Ich kann es doch in deinen Augen sehen. Da ist ein ganz wunderbares Mädchen in dir drin.«

Nicht weinen, befehle ich mir. Ich werde nicht weinen. So weit kommt es noch, dass eine fünfundzwanzigjährige Kollegin mich zum Heulen bringt! Trotz aller Anstrengung werden meine Augen glasig, ich kann es deutlich spüren.

»Ach, Doro, weißt du, die Sendung ist doch gar nicht so wichtig. Wir arbeiten doch hier nicht in der Notaufnahme und H.J. macht später sowieso daraus was er will. Aber vielleicht ist das Thema gut für dich. Du weißt doch, nicht wir finden die Themen, sondern die Themen finden uns.«

»Es fühlt sich an, wie in einem Spiegellabyrinth«, gestehe ich leise. »Ich laufe im Kreis und sehe überall Gespenster.«

»Das sind keine Gespenster. Eine Sendung ist keine Geisterbahn. Das bist du, die du da siehst.«

»Das hört sich sehr weise an. Wie alt wirst du denn nächstes Jahr? 101?«, schmunzle ich.

»Manchmal zu klein, manchmal zu alt und immer mal wieder so alt, wie es das Leben von mir will. Jetzt muss ich aber echt los.« Schwups, ist sie aufgesprungen und springt davon. Dankbar lächele ich ihr nach. Da soll mal jemand was gegen die nächste Generation sagen und dass immer nur die Älteren den Jungen etwas weitergebe können. Eben habe ich eine hübsche Portion echte Lebensweisheit geschenkt bekommen.

In jedem Setzling schlummert ein Baum

Mit Herzklopfen reiße ich das Flipchartpapier der abgesagten Sendung runter, damit der Hausmeister gleich auch den Ständer mitnehmen kann. Die Wehmut überfällt mich in Schüben. Nach diesem vertrauten Gespräch mit Nina fällt es mir doppelt schwer, einfach zu gehen, um in einem anderen Büro frische redaktionelle Wurzeln zu schlagen. Ich bin eine selbstbewusste Frau, komme gut alleine klar, aber in der Tiefe meiner Seele bin ich auch sehr anhänglich und das nicht nur, wenn der Mond voll ist. Bin vielleicht nicht ich traurig, sondern dieses Kind, das ich nicht spüre und von dem ich nichts weiß? Wenn es sie wirklich gibt, diese inneren Kinder, dann ist Ninas definitiv fröhlicher als meines und hat exakt den neugierigen Spieltrieb, den man für die Konzeption guter Sendungen braucht. Aber, nicht nur wir finden die Themen, sondern die Themen finden auch uns, damit hat Nina sicher recht. Auch das »Glück« hatte mich einst aufgespürt, jetzt sind eben »innere Kinder« an der Reihe.

Hab einfach Vertrauen, erinnere ich mich an all die Sendungen, die ich als Redakteurin schon betreut habe, und wie mir Situationen und Gäste wundersam zufielen, sobald ich mich mit dem Thema erst einmal innerlich verbunden hatte. Ich betrachte den Ablauf der geplatzten Sendung. Da stehen sie untereinander, die vorgesehenen Gäste: Der Glücksforscher, die Lottogewinnerin und der Mönch.

Das Thema »Glück« wurde mit einem fetten roten Marker von H.J. höchstpersönlich durchgestrichen. Es wird Zeit, diese loszulassen und die Sendung anzunehmen, die stattdessen ansteht.

Angenommen, ich hätte tatsächlich so etwas wie ein inneres Kind. Ist es dann fröhlich oder eher betrübt? Ob Paul dieses innere Mädchen in meinen Augen schon mal entdeckt hat? Paul, der hat ganz bestimmt ein fröhliches. So locker und leicht, wie er die Dinge immer angeht. Voller Zuversicht und Heiterkeit. Erzählt er von seiner Kindheit, kann man direkt neidisch werden. Dieses offene Haus, der Tisch, an dem große und kleine Gäste immer Platz fanden, der große Garten. Das war bei uns nicht möglich, selbst wenn es meine Eltern gewollt hätten. Die trugen zu sehr am eigenen Schicksal; daran, dass ihnen die Nachwirren des Zweiten Weltkriegs nicht nur die Kindheit, sondern auch die Heimat genommen hatten. Manchmal denke ich, sie haben mir ihre Traurigkeit ins Blut geschwemmt. Ich reagiere auf Bilder, die gar nicht in mein Leben gehören. Fühle mich manchmal selbst schon wie ein Flüchtlingskind, obwohl ich doch lange nach dem Krieg geboren wurde. Kann es sein, dass ich deswegen so an dem Umzug knabbere? Meine Großmutter krempelte die Ärmel hoch und ließ sich von Flucht und Vertreibung nicht unterkriegen, meine Eltern schafften das beide nicht. Vater suchte die Harmonie im Wald und Mutter Anerkennung durch Strenge.

»Doro? Sind Sie noch da?« H.J. macht einfach keinen Feierabend.

Wo soll ich denn sonst sein? »Ja!«, melde ich mich zurück.

»Kommen Sie bitte zu uns, ich möchte noch etwas zur Sendung sagen.« Ich stehe auf, und laufe in sein Büro. Hoffentlich hat er keinen neuen Hirnfurz entwickelt; ich muss schmunzeln.

»Wenn das innere Kind fröhlich ist und zuversichtlich, dann spüren wir das als Urvertrauen. Wer sich selbst vertraut, der ist von innen heraus glücklich und braucht keine Tipps von außen! Der ist mit seinem inneren Kind auf Linie und das zeigt sich in einer gerade Lebensführung.« H.J. streicht sich über seinen imaginären Bart. Offenbar traut er mir nicht zu, dass ich das Thema hinkriege, und will sich vergewissern, dass ich es verstehe und nicht am Schluss mit einer Sendung rund um vorgeburtliche Prägungen komme. Jetzt fängt auch noch Sebastian mit dem Bartgekraule an. »Wir dürfen aber nicht vergessen, dass es auch innere Kinder gibt, die auf der Suche sind. Die sich alleingelassen fühlen. All die Kinder, die keine Erwachsenen um sich hatten, die sie ermunternd und bestätigend erzogen. Und überhaupt, denkt an all die Menschen, die den Zweiten Weltkrieg noch erlebten! Das sind doch alles Prägungen. Diese ganzen Bomben, die Familienmitglieder, die getötet wurden, Vergewaltigungen, Flucht ... das hatte doch Auswirkungen auf die Seele. Diese Menschen haben sicher innere Kinder, die sich nach Frieden und Zuwendung sehnen. Die brauchen viele Worte der Liebe, um das Gute in der schlechten Erfahrung zu finden. Die Sendung bietet eine Menge Spielraum. Ach, ich bin mir sicher,

Doro, du kriegst das hin!« Er blickt zu mir. »Nicht wahr, Doro?«

Wenn ich etwas hasse, dann ist es die Kombination meines Vornamens mit »nicht wahr« und »oder?«, übertroffen nur noch mit: »Das siehst du doch auch so, stimmt's!?«. Was ich darauf nun antworten soll, weiß ich nicht und ich kann auch gar nicht sprechen, denn mir ist viel mehr nach Platzen. Aber, wie so oft, ist eine Antwort auch gar nicht nötig. H.J. ist endlich in seinen Mantel geschlüpft und auch Sebastian will offensichtlich gehen.

»Wenn sie erst mal Feuer gefangen hat, läuft alles wie geschmiert!«, sagt er dabei zu H.J.

Das Leben will also, dass ich mir selbst in die Karten schaue. Kaum zurück in meinem Büro, klingelt auch schon das Telefon. Oh je, die Nummer auf dem Display erkenne ich sofort. Es ist der Glücksforscher. Mist, ich hatte ihn vergessen. Das Butterbrot fällt immer auf die Butterseite. Dass er aber auch gerade jetzt anrufen muss! Offenbar kann er wirklich Schwingungen spüren. Abnehmen oder nicht? Mit dem Rest von Elan, den ich aufbringen kann, hebe ich den Hörer ab. »Schön, dass Sie anrufen«, begrüße ich den Experten so heiter, als hätte ich gerade eine leckere Tasse Kaffee in der einen und ein Plunderteilchen in der anderen Hand. »Oh, Herr Jochum, gerade wollte ich mich bei Ihnen melden und nun kommen Sie mir zuvor, denn ich muss … «

Der Glücksforscher hat zum Zuhören offenbar keine Zeit. Er will von einem neuen Erlebnis erzählen, das »wunderbar in unsere Sendung passt.« Unsere Sendung. Wenn der wüsste! Ich lasse den Gast, der noch nicht weiß, dass er keiner mehr ist, ein wenig freien Lauf.

»Ja, genau«, presse ich mich in einer kleinen Denkpause dazwischen. »Sie geben mir gerade das Stichwort, das ich suche. Sowohl die Lottogewinnerin und auch der Mönch sind plötzlich erkrankt. Wir müssen diese Sendung leider verschieben.«

Schieben klingt immer besser als absagen und wer weiß, Themen wie Glück bleiben aktuell. Der glückliche Forscher ist nun unglücklich, ich kann es an der Stimme hören. Was soll's.

»Aufgeschoben ist doch nicht aufgehoben«, versuche ich ihn zu trösten. Es ist einfach unschön, wenn man sich auf eine Sendung eingestellt hat und sie dann unvorhergesehen platzt. »Wenn alle wieder gesund sind, melde ich mich wieder bei Ihnen? Ich hoffe sehr, Sie sind nun nicht zu sehr enttäuscht«, versuche ich, ihn wieder glücklicher zu machen. Es gelingt mir ein bisschen und das gibt mir ein wenig von dem Gefühl, das man auch Absolution nennt.

»Ach ja, Enttäuschungen gehören doch zum Leben«, meint Herr Jochum schließlich. »Sie kennen diese Theorie sicher, dass man nur enttäuscht sein kann, wenn man vorher einer Täuschung aufsaß.« Er lacht und das befreit mich weiter. Die Theorie kenne ich nicht, mache mir aber gleich eine Notiz, weil mir dieser kurze Satz sehr prägnant und bemerkenswert erscheint. »Zu irgendwas wird es schon gut sein«, fügt er noch hinzu. Kein Wunder, dass dieser Mann Glück hat. Offenbar braucht es viel, damit er sich richtig ärgert.

»Das mit der Täuschung ist interessant«, meine Augen hängen noch an der Notiz. »Haben Sie etwas dazu verfasst?« Er überlegt, ich kann es hören.

»Ich nicht, aber warten Sie mal ... zum Thema Enttäuschung habe gerade ein Interview mit einer Kollegin gelesen. Jetzt warten Sie. Wer war das noch ...?« Schon beginnt er laut zu suchen. Papier knistert, ich höre Kladden und dann das Klicken der Computertastatur. »Ah ja, ich hab es. Hilde Sukowisz. Eine unglaublich sympathische Frau und so schlau. Wir haben uns auf einem Kongress zum Thema »Erfolg« kennengelernt.« Jetzt gibt er Passagen des Artikels wieder: »Ja, da geht es um den Beruf und warum manche Menschen nicht die Durchsetzungskraft haben wie andere, und Kindheit ist ein Thema.« Plötzlich werde ich ganz nervös. Das riecht nach einer heißen Spur. Wenn er doch nur ein bisschen schneller wäre, dieser Glückskäfer. Krabbelt da auf dem Bildschirm herum, ich brauche aber mehr. Mehr Info, schnelles Futter.

»Steht in dem Artikel zufällig auch etwas zum Thema: inneres Kind?«, unterbreche ich ihn ein wenig zu gehetzt. Aber wenn diese Expertin gut ist und auch noch Zeit hat, dann wäre das mein ganz persönlicher Sechser im Lotto! Hat man erst einmal eine Gast, dann sind die anderen schnell gefunden, weil diese Menschen meist gut vernetzt sind und sich gegenseitig kennen.

»Mmmh, also das kann ich jetzt nicht sagen«, ich ahne, wie er den Mund zu einem Strich verzieht. »Sicher ist, dass sie seit Jahren zum Thema Urvertrauen forscht und darüber erzählt wie keine andere. Möchten Sie die Kontaktdaten?«

Ja Liebelein, denke ich jubelnd, lass die Nummer rüberwachsen. Schnell, so als könne er es sich am Ende doch noch anders überlegen, schreibe ich mir den Namen und die Telefonnummer auf. Hatte das Schicksal heute doch noch ein Einsehen! Ich bedanke mich überschwänglich, verspreche mich bald zu melden, kreuze dabei die Finger hinter meinem Rücken, weil man als Redakteurin so etwas eigentlich nie versprechen darf, und brenne darauf, die Psychologin zu erreichen. Doch bevor ich wählen kann, kommt der Haustechniker und stöpselt das Telefon aus. »Das kommt mit«, erklärt er mir. »Außerdem ist jetzt Wochenende.«

Spinnst du?, will ich am liebsten fragen, friere aber nur wie ein Fisch mit Schnappatmung in meiner Stellung ein.

»Das gibt es doch nicht«, schimpfe ich empört dem Kollegen nach. »Ich muss aber telefonieren. Jetzt.« Es ist ihm egal.

»Liebe Doro, schau mal«, blinkt jetzt eine E-Mail auf, »ich habe hier noch ein interessantes Video gefunden. Vielleicht inspiriert dich das.« Nina hat mir von unterwegs eine Mail samt Link geschickt. Mein

Gesicht hellt sich auf, wie lieb, dass sie weiter an mich denkt. Sofort lasse ich das Video laufen. Ein Förster ist zu sehen. Ein Förster?

»Büsche und Bäume haben keine Angst sich auszubreiten«, sagt er und breitet dabei die Arme dokumentierend aus. »Die machen das einfach, weil sie darauf vertrauen, dass die Natur das will. Urvertrauen. Sie sind im Einklang mit sich selbst und haben vor ihrer Aufgabe keine Angst. Nur wir Menschen sind misstrauisch. Weder trauen wir uns selbst noch anderen. Im Grunde behindern wir unser eigenes Wachstum, indem wir unser Inneres wieder und wieder niedertrampeln; uns nicht im Urvertrauen üben. Dabei ist unsere Seele wie ein kleiner Setzling, der eigentlich eine große Eiche werden will.«

Ein kleiner Setzling. Ein inneres Kind. Das hat der Förster schön gesagt und der Gedanke ist wirklich gut. Aber wie man Urvertrauen üben kann, ist mir nicht klar geworden. Wie soll das denn gehen? Entweder man hat Vertrauen oder nicht.

Ich klicke ein Video weiter. Der Förster hat offenbar viel zu sagen, er ist schon wieder im Bild. »... üben?« Aha. Es scheint, als ob sich bei der Moderatorin ähnliche Fragezeichen wie bei mir auftun. Mit dem Cursor schiebe ich den Film etwas zurück, um den Satz davor zu hören. »Urvertrauen«, unterbricht sie ihn. »Urvertrauen kann man doch nicht üben? Das hat man oder man hat es nicht, oder liege ich da falsch?«

»Mit der Sichtweise liegst du genau richtig, Herzchen!«, murmele ich ihr unterstützend zu.

»Nun, Sie haben in Ihrem Leben schon viel geübt«, erklärt der Förster. »Gehen, laufen, springen, essen, trinken und auch Verhalten wie Anteilnahme oder Mut. Wieso sollte man nicht auch Urvertrauen oder Selbstannahme üben können?«

Jetzt tritt eine junge Frau ins Bild. »Also ich habe mir auf diese Weise sehr geholfen. Lange Zeit habe ich mich immer klein gefühlt. Ich war unsicher, weil meine Eltern nicht gerade großzügig in Lob und Liebesbeweisen waren. Dann las ich etwas von einer Psychologin. Hilde Sukowisz, vielleicht ist die Ihnen bekannt?«

Kaum hat er den Namen gehört, bringt sich der Förster wieder ein. »Sie haben bestimmt ihr Buch *Stufen der Selbstliebe* gelesen. Darin wird sehr genau beschrieben, auf welche Weise wir von einer nicht perfekten Kindheit in die perfekte Selbstliebe gelangen. Was immer uns in der Kindheit auch fehlte, wir können es uns selbst geben – wenn wir genau wissen, was wir brauchen.«

»Aber wie findet man das denn heraus?«, mischt sich die Moderatorin ein.

Die junge Frau legt sich die rechte Hand auf den Bauch. Jetzt geht das schon wieder los, denkt ein Teil von mir, der andere ist gespannt. »Fühlen«, sagt sie. »Fühlen und hören.«

»Aber Ihre Ohren sind doch nicht am Bauch«, lacht die Moderatorin. Ein verbaler Schachzug, damit die Frau noch mehr von sich erzählt. »In uns ist eine Stimme, die uns sagt, was uns fehlt und was wir brauchen.«

»Und das steht in dem Buch?« Die Moderatorin ist einfach super.

»Man nennt sie das innere Kind.«

Und der Förster fügt strahlend hinzu: »Setzling.«

»Sind das alle Kisten?«, weckt mich der Hausmeister aus meiner Fernsehtrance. Meine Güte, erschrecke ich. »Natürlich«, stottere ich perplex und knipse den Computer aus. Gerne hätte ich noch weiter gekuckt. Nun muss ich eben alles Weitere in den Feierabend verschieben. Aber, beruhige ich mich fröhlich, die Richtung stimmt und langsam fühle ich auch Feuer. Diese Sukowisz könnte eindeutig eine Kanditin sein.

Der Hausmeister lädt die Kisten unter ächzenden Geräuschen auf seine Sackkarre und schiebt den Inhalt meines Büros davon.

»Herr Maier«, rufe ich ihm nach. »Was denken Sie, haben Sie sowas wie ein inneres Kind?«

Er bleibt stehen, dreht sich um und streicht sich über den Bauch. »Gut möglich, denn ich esse immer für zwei.« Lautes, heiseres Lachen. Dann fährt er auf dem Gang weiter. »Meine Frau, die liest so ’nen Quatsch. Die diskutiert in letzter Zeit mit diesem inneren Kind schon morgens, ob sie lieber Quark oder Wurst auf die Schnitte packen soll.«

Jetzt muss ich auch lachen. Na, wenn auch die Hausmeistersgattin darüber spricht, dann ist vielleicht doch was dran. Zumindest Zuhörer werden wir dann haben.

Der Anrufbeantworter

Wenn die Tasche, die man von der Arbeit mit nach Hause nimmt, schwerer ist als die, die man morgens mit in die Redaktion nahm, dann ist das kein guter Start ins Wochenende, sondern nichts anderes als: dumm gelaufen.

Draußen pfeift der Wind, als ich durch die leeren Gänge der Redaktion zum Ausgang gehe. Fast alle sind bereits gegangen. Es ist still, nur die alte Kaffeemaschine gurrt vor sich hin. Frank von den Nachrichten hat die modernen Kapselmaschinen aussortiert und wieder Filtergeräte eingeführt. Das ist zwar ökologisch, sieht aber nicht immer lecker aus. Die Glaskanne hat einen ziemlich dunklen Rand. Ich schalte die Maschine aus, fülle die Kanne mit Wasser und stelle sie ins Spülbecken. Ich mag meine Kollegen, aber manchmal sind sie kleine Ferkel. Aus dem Studio erklingt Musik. Es ist ein Titel von Madonna. Früher hatten wir noch viele Musikredakteure. Jetzt wird eigentlich jeder Titel von oben vorgegeben. Die 80er-Jahre klimpern rauf und runter. Es wird uns gesagt, dass die Zuhörer das mögen – und zwar nur das.

Der Wind und die kühle Luft, die mir auf dem Weg zur Straßenbahn um die Nase wehen, tun mir gut, mein Hirn wird durchgelüftet und von dem Stress des Tages fallen ein paar Gramm ab. Wie weit muss man sich im Job eigentlich mit dem arrangieren, was einem als Gesetz vorgegeben wird? Wann ist etwas wirklich überholt und damit »out«? Wann tatsächlich »in«? Wer sagt das und wer setzt den Trend? Ich muss aufpassen, dass ich jetzt nicht zu viel grüble, denn wenn ich diesen Pfad weiter verfolge, werde ich unwillkürlich wieder bei dem Sendungsthema landen, das man mir genau aus diesen Gründen aufs redaktionelle Auge drückte. Es macht die Lage nicht leichter, ausgerechnet jetzt die Revoluzzerin in mir zu pflegen. Dieser Gedanke lässt mich stutzig werden. Wieso nehme ich ohne Nachfrage an, dass ich eine innere Revoluzzerin habe, kann mich aber mit dem inneren Kind nicht anfreunden?

Als ich in der Bahn stehe, vibriert das Handy in meiner Jackentasche. »Sebastian, Redaktion« leuchtet mir entgegen. Eigentlich habe ich keine Lust auf dieses Gespräch, aber na ja. Kaum habe ich ihn begrüßt, legt er auch schon los. »Würdest du bitte noch ein paar Fotos für die Homepage machen«, tut er ganz aufgeregt. »Wir werden danach über die Sendung berichten und vielleicht machen sich Bilder von ein paar ganz normalen Menschen dann gut. So nach dem Motto: Jeder, aber auch absolut jeder, hat ein inneres Kind, es wissen nur die wenigsten.«

»Da brauchst du Genehmigungen für. Man kann nicht einfach wildfremde Menschen fotografieren und ins Netz stellen«, bremse ich ihn schlagkräftig aus. »Ach Quatsch, mach einfach ein paar Fotos mit dem Handy, Straßenbahn oder so. Öffentlicher Bereich.«

»Schon mal was von Datenschutz gehört? Auch wenn ich an öffentlichen Plätzen fotografiere, darf ich die Bilder nicht veröffentlichen«, wehre ich mich weiter, weil ich es unerträglich finde, wenn er so überengagiert tut.

Mit einem Ohr höre ich ihn weiter sprechen, während meine Augen die Menschen in meiner unmittelbaren Nähe inspizieren. Ob sie ahnen, was Sebastian von mir verlangt, oder morgens bereits mit inneren Kindern debattieren wie die Hausmeistersgattin? Ich stelle mir vor, wie aus jedem Fahrgast ein Kind krabbelt, sich auf dessen Schoß oder den Platz neben ihm setzt. Neben jeder alten Dame, dem Typ mit Rucksack, jeder Familienmutter befindet sich nun ein Kind. Auch links von der Frau, die sich bereits jetzt für den Abend aufgedonnert hat. Oder neben dem Mann, der auf der anderen Straßenseite mit seiner Taschenlampe fast in einen Mülleimer kriecht. Und auch auf dem Schoß des Fahrers sitzt ein Bübchen. Manche Kinder lachen, das des Mannes mit Taschenlampe blickt sehr ernst, und das Kind, das auf dem Schoß des Fahrers sitzt, jauchzt und macht Faxen.

»Was für Fotos sollten es deiner Meinung nach überhaupt sein? Gibt es da Kategorien? Die Haarfarbe des inneren Kindes kann es ja wohl nicht sein«, unterbreche ich Sebastians Redefluss.

»Ich denke, jeder Mensch hat eine bestimmte Wirkung, die solltest du einfangen. Lustig, nachdenklich, berührt, gelangweilt, eben so, wie man sich im Inneren fühlt. Von dieser Ausstrahlung könnten wir Rückschlüsse auf die inneren Kinder ziehen.«

»Mal sehen, aber ich übernehme keine Verantwortung für diesen Quatsch«, brumme ich und entscheide mich, in diesem Punkt meine innere Revoluzzerin aktiv werden zu lassen. Das mache ich sicher nicht. Notfalls behaupte ich, mein Akku war leer. Die Bahn ruckelt – bleibt sie jetzt auch noch stehen? Ich will nach Hause! Nein, es steigt nur jemand zu. Wieso denn hier, an dieser Kreuzung?

»Du, ich wollte dir noch sagen, dass ich übers Wochenende erreichbar bin. Halte mich doch bitte auf dem Laufenden. Das wird eine super Sendung, da bin ich absolut sicher.«

»Ich muss auflegen«, würge ich hastig das Gespräch ab, weil ich weiß, was der neue Fahrgast im Sinn hat. Kontrolle! Mit feuchten Fingern durchsuche ich die Jackentaschen. Ich habe doch meinen Fahrschein eingesteckt! Einatmen. Ausatmen. Da ist er ja. Warum bin ich denn gleich so mega nervös, fühle mich schuldig, obwohl ich einen gültigen Fahrschein habe?

»Wenn ich einen Polizeiwagen sehe, bin ich mit einem Fuß immer schon halb im Knast!«, kommentiert die Frau neben mir meine offensichtliche Nervosität. »Vielleicht war ich in einem früheren Leben eine Verbrecherin«, sie zuckt mit den Achseln und wir grinsen uns an. Oder aber ihr inneres Kind hat da ein kleines Problem. Laut sage ich das nicht und überlege weiter, dass ja auch mein inneres Kind gerade ziemlich ängstlich war. Ängstlich wegen scheinbar nichts. Wie damals, als ich in der Schule eine bestimmte Hausaufgabe nicht dabei hatte. »Aber ich habe sie doch gemacht«, beteuerte ich. »Das kann jeder sagen«, behauptete der Lehrer und gab mir eine Sechs. Geheult habe ich damals, weil ich mich so ungerecht behandelt fühlte. Merkwürdig, wie ich das jetzt spüre.

Zu Hause angekommen, muss ich erst einmal relaxen. Was war denn das für ein Tag! Und vor allen Dingen, er ist noch nicht zu Ende. Puh. Aus der Nachbarswohnung höre ich laute Kinderstimmen. Freitag ist bei ihnen immer Familienabend, mit Spielen, Lachen und um die Wette blödeln. Was diese Kinder wohl im Erwachsenenalter darüber erzählen werden? Obwohl ich dieses innere Kind noch immer nicht richtig greifen kann, wird mir langsam klarer, dass es sich hier nicht um ein künstliches Konstrukt handelt, das wenige Menschen betrifft, sondern um etwas, ... eine Sache? ..., das in jedem Menschen wirkt und damit auch aus jedem Menschen heraus.

»Herzlichen Glückwunsch«, bringe ich in diesem Moment die Portion Galgenhumor auf, die verhindert, dass ich in eine Wochenenddepression verfalle. Die Wochenenden meiner Kindheit bedeuteten oft, dass sich Papa und Mama einander auslieferten. Zwei Menschen, die ihre eigene Geschichte nicht betrachten wollten, die sich darüber hinaus nicht ausstehen konnten und Unzufriedenheit und Frust aus Feigheit oder Bequemlichkeit – was das angeht, bin ich mir nicht sicher – einfach an dem Menschen ausließen, der nicht fliehen konnte und deswegen 48 Stunden zur Verfügung stand: ihrem Kind.

Ich drehe am Knopf meines alten Radioapparats.

Es ist ein altes Teil, uralt. Mein Vater hat es mir vererbt. Jeder für sich betrachtet, waren meine Eltern eigentlich ganz in Ordnung. Er mehr als sie. Sie, wie das klingt. Sie, Mutter. Ich hätte meinen Vater gerne noch länger erlebt, aber er ist schon viele Jahre tot. Viele Sender empfängt die alte Röhre nicht, und die Wenigen auch nur unter Rauschen. Da auch mein Kopf brummt, passt das ja. Dass dieses innere Kind so viele Gedanken auslöst, hätte ich nicht gedacht. Das »Glück« war dagegen ein richtig leichtes Thema. Es war glatt, beliebig und geschmeidig. Nachdenken und Inmichgehen war nicht nötig. Alle Aspekte lagen auf der Hand.

Wenn ich jetzt nicht irgendwie aktiv werde, das spüre ich, rutsche ich innerlich ab. Wie eine Gerölllawine kann das sein, der Schotter fällt ins Nirgendwo, ist rutschig und gefährlich. Was sich darunter wohl versteckt? Besser ich klettere mit meinen Gedanken nicht so viel in den inneren Bergen herum. Kaffee ist immer eine gute Ablenkung. Der Geruch wird etwas Wärme verbreiten, das habe ich dringend nötig, jetzt, wo Paul nicht hier ist, um Heimeligkeit und Trost um mich zu legen. Wir mögen die Freitagabende eigentlich sehr. Das Wochenende liegt vor uns und wir spielen uns leise darauf ein. Wir haben Glück miteinander, verstehen uns gut. Meistens. Wenn Paul nicht dämliche Joggingkurse ohne mich macht. Ist das die nächste Gefühlslawine? Ich werde sie auf jeden Fall umgehen!

Also hole ich die Unterlagen aus der Tasche und breite sie auf dem kleinen Tischchen vor dem Fenster zum Balkon aus. Paul nennt ihn den »Denkertisch«, weil ich hier das stapele, was mich beschäftigt oder was ich mir zu erledigen vorgenommen habe. Von gestern liegt dort noch der angefangene Pullover, den ich heute Abend vor dem Fernseher endlich ein paar Reihen weiter stricken wollte. Für Paul. Es sollte eine Überraschung werden. Nun liegen lauter »innere Kinder« auf dem Tisch. Ich muss an den Hausmeister denken, der so witzig meinte: »Ich esse für zwei!« Schade, dass man solche Sätze nicht in ernsthaften Sendungen platzieren kann. H.J. würde durchdrehen. Dabei sind es doch Humor und Fröhlichkeit, die Menschen voranbringen. Wieder flammt ein Bild aus Kindertagen in mir auf. Es ist wie ein Spot, eine Szene. Die Familie am Abendbrottisch. Vater, Mutter und ich. Diese Stille, die so beklemmend war. Keiner sagte etwas, jeder aß leise, und ich bemühte mich, nicht mit dem Messer an den Tellerrand zu kommen, damit das Geräusch die Stille nicht durchbrach. Aber, auch wenn ich mich noch so leise verhielt, sie fanden etwas, das sie störte, etwas, das ich falsch gemacht hatte. Immer fanden sie etwas. Die Heizung zu hoch gedreht, die Musik zu laut, das Zimmer nicht ordentlich genug, ein Fleck auf der Bluse. Sie fanden etwas, an dem sie sich abreagieren konnten.

Ich lasse mich in den alten Ohrensessel – ein Erbstück meiner Großmutter – fallen und lege das Telefon in meine Nähe, damit ich gleich Hilde Sukowisz anrufen kann. Dann endlich kann ich einen Erledigt-Haken auf meine imaginäre To-do-Liste setzen. Was will ich die Psychologin fragen?

Von fröhlichen inneren Kindern und traurigen inneren Kindern habe ich jetzt schon gelesen und auch einen sehr persönlichen Geschmack davon bekommen. Dass es um Aussöhnung, Heimat und Verständnis geht, habe ich kapiert. Das klingt alles so schwer, vielleicht kann Frau Sukowisz das Thema mit Leben, Geschichten, Anekdoten füllen. Um mich einzustimmen, blättere ich durch meine Unterlagen und stoße dabei auf einen Fragebogen. Worte wie Wut, Trauer und Versöhnung fallen mir ins Auge. Und ... ach du liebe Güte: »Was bedeutete Ihnen in Ihrer Kindheit ein Zuhause oder Schutz? Was glauben Sie, möchte Ihr inneres Kind Ihnen erzählen? Schreiben Sie ihm einen Brief.« Ich lege den Artikel beiseite. Was sollte ich mir denn schreiben? Soll ich mich vielleicht auf einen Eisbecher einladen?

Mal sehen, was die Expertin dazu sagt. Ob sie sich auch selbst Briefe schreibt. Energisch wähle ich die Telefonnummer und greife nach einem Stift. Viele Gedanken, Verweise, Namen und Schlagworte werden hier bald stehen. Später werde ich daraus Fragen formulieren, die H.J. dann stellen kann. Die meisten Zuhörer glauben, dass die Fragen in Talkrunden spontan gestellt werden, dabei sind es wir, die Redakteure, die nicht nur vorbereiten, sondern eine Sendung vordenken und jede Einzelheit genau konzipieren. Auf keinen Fall jedoch werde ich diese Sendung zu sehr durchdenken, ich habe nicht vor, daraus ein Kunstwerk zu machen. Wenn Frau Sukowisz auch nur ein klein wenig Interessantes zu sagen hat, dann werde ich sie einladen, viel schneller, als ich es normalerweise tue. Schon allein weil Freitagabend ist und die aus der Nebenwohnung fröhlich lachen.

Natürlich, wie kann es an einem Tag wie heute auch anders laufen, sie ist nicht in ihrer Wohnung oder will nicht ans Telefon gehen. Der Anrufbeantworter springt an und eine freundliche Stimme entschuldigt sich dafür, das Gespräch nicht persönlich entgegennehmen zu können.

Alles, was sie danach sagt, nehme ich inhaltlich nicht mehr wahr. Etwas passiert mit mir. Die Lawine bricht nun doch los. Ich höre die Stimme und alles ist von dem Moment an anders. Obwohl ich so aufpasste, rutscht das Geröll ins Tal. Mit voller Wucht und unaufhaltsam fließt sie in mein Herz. Ich sehe den Abendbrottisch, meine Eltern, mich, diese erdrückende Stille, das Wochenende, und dann kam Oma zu Besuch und alles wurde anders. Oma, Ömchen, die genau so sprach wie diese Stimme, die mir jetzt durch den Anrufbeantworter entgegenklingt. So weich und dennoch fest, mit so viel Menschenliebe. Jeder Buchstabe transportiert diese Liebe, sogar die langweiligen, gewöhnlichen Worte: »Wenn Sie eine Nachricht hinterlassen, rufe ich gerne zurück.« Die Stimme ist magisch. Sie nimmt mich mit, in eine andere Zeit. Die Klangfarbe, die Art der Betonung, die Wärme, sogar der Wiener Dialekt. Alles klingt nach Oma. »Du bist mein Schatzerl, du bist mein Katzerl« hallt es durch meinen Kopf, geht mir durch Mark und Bein. Als wäre Großmutter auferstanden und als wollte ich ausgerechnet ihre Meinung zum inneren Kind erfahren.

Dann piepst es. Der Zauber ist vorbei. Die Lawine ist im Tal angekommen. Und ich lege erschrocken auf.

Dass mich diese Stimme so gepackt hat. Eine Ähnlichkeit. Meine Güte, ja, Ähnlichkeiten kommen vor, das ist aber kein Grund, jetzt so durcheinander zu sein. Was ist das, das mich ganz kopflos macht und mein Herz derart aufgeregt flattern lässt, als wäre es ein aufgescheuchter Vogel? Ich spüre mein Blut klopfen. Es ist ein Takt, der nach mir ruft, und der Puls, der in der Kuhle meines Halses sitzt, galoppiert gleichzeitig, als sei er ein wildes Pferd.

Schnell einen Schluck Wasser trinken. Sicher war der Kaffee zu stark, der Umzug, der Mond, das innere Kind … da muss man ja durchdrehen. Ich bin nicht aus Watte, aber meine Haut ist auch nicht aus

Teflon. Die Gefühle perlen nicht einfach ab, sondern nisten sich ein, klammern sich fest und spielen mit mir Spiegellabyrinth. Werfen mir Bilder zu. Bilder sind stärker als Worte. Bilder haben Emotionen und damit Macht. Sie sind stärker als jedes Wort. Ein Baum ist eben nicht nur ein Baum, sondern alt und knorrig. Er hat Äste, Blätter, Wurzeln. Eine Kindheit ist eben nicht nur eine Kindheit, sondern sie hat Blicke, die streng aufschauen, und Eltern, denen die Tränen laufen, weil sie selbst keine echte Kindheit hatten.

Ich sehe mich als kleines Mädchen auf dem Sofa sitzen und einer alten Märchenschallplatte lauschen, die *Peterchens Mondfahrt* heißt. Ein eigentlich unbedeutender Kratzer lässt die Platte an der Stelle, wo Peterchen und Anneliese rufen: »Muttchen, ach Muttchen, wie war das schön!«, springen. Sodass der Satz wieder und wieder gespielt wurde.

Schön war es immer dann, wenn Großmutter bei mir war. Zusammen schauten wir *Dick und Doof* im Fernsehen. Das Bild ist schwarz-weiß. Wenn Großmutter da ist, dann ist es das Leben nicht. Dann ist alles bunt. Ich bin ihr Schatzerl, ich bin ihr Katzerl. Und so werden die Bilder, die tief in mir vergraben sind, zu Gefühlen, die mich aufwühlen.

»Komm runter!«, befehle ich und beschließe, gleich noch mal bei Frau Sukowisz anzurufen, damit sich da nicht etwas festsetzt. Beherzt greife ich zum Telefon und betätige die Wahlwiederholungstaste.

»Sie sprechen mit dem Anrufbeantworter von Hilde Sukowisz. Leider bin ich im Moment nicht erreichbar ...«, diese Stimme! »... natürlich freue ich mich sehr, wenn Sie eine Nachricht hinterlassen. Zwar könnten Sie auch auf meinem Handy anrufen, aber das hab ich nie dabei …« Lachen. »Also, wenn Sie eine Nachricht hinterlassen, rufe ich gerne zurück, sprechen Sie so lange Sie wollen, ich tu's ja auch.« Erneutes Lachen in wohlig warmem Ton. Ganz wahrhaftig klingt dieses Lachen, mit einem leichten Glockenton, den auch Großmutter hatte. Authentisch. Unbeschwert.

Die Worte klemmen in meinem Hals. Ich bekomme keinen Ton heraus. Kann mich nicht melden, launig von der Sendung sprechen und ankündigen, dass ich es noch mal versuchen werde. Stattdessen lege ich zum zweiten Mal auf.

So etwas ist mir seit Jahren nicht mehr passiert. Als ich Mitte zwanzig war, ja, da habe ich entweder aufgelegt oder gestottert und gestammelt, wenn ich auf Band sprechen musste, meistens bei Flirts, die man vertiefen wollte, oder dann, wenn die Nachricht witzig klingen sollte – was, nebenbei bemerkt, nie klappt –, oder eben bei meinen ersten Aufträgen fürs Radio. Aber jetzt? Es ist nichts Neues, dass ich sensibel bin und manchmal viel zu schnell auf Schwingungen reagiere. Aber das ist keine Schwingung, dies ist nur der Anrufbeantworter einer Psychologin, der unerwartet eine ähnliche Stimme wie meine Großmutter hat. Eine Ähnlichkeit! Da sitzt nicht meine Großmutter drin! Kein Grund, in sentimentale Aufruhr zu geraten.

»Was ist denn nur los mit mir?« In der Küche lasse ich kaltes Wasser über Hände und Handgelenke laufen und fülle ein Glas. Das Wasser erfrischt und beruhigt zugleich. Es trennt mich energetisch von dem, was gerade war. Vielleicht war es ein bisschen zu viel Koffein und mein Kreislauf wühlt mich auf? Gleich wird es besser sein. Gefühle kommen, Gefühle gehen, man muss nicht hinter jedes Herzklopfen steigen und nicht jede Laune sollte auf der Psycho-Couch betrachtet werden.

Irritiert starre ich auf das Telefon, als gäbe es etwas zu entdecken. Dann reiße ich mich zusammen, wähle zum dritten Mal, warte auf den hellen Piepston, stelle mich als Redakteurin vor und entschuldige mich für mein wiederholtes Anrufen.

»Es ist mir etwas unangenehm, aber Ihre Stimme erinnert mich sehr an meine Großmutter. Verrückt, nicht wahr?« Was rede ich da nur, frage ich mich, und rede trotzdem einfach weiter. »Also, meine Großmutter war nämlich eine ganz wunderbare Frau.« Zweimal muss ich mich räuspern. »Sie war sehr warmherzig, mütterlich. Ich meine großmütterlich. Bei ihr konnte man Fehler machen, Kind sein. Oma schimpfte nie.« Wie grässlich, warum um alles in der Welt erzähle ich das alles? »Das nur nebenbei.«

Als wäre dadurch alles Aufgezeichnete zu löschen, lege ich hektisch auf. Sie wird mich für verrückt halten. Sie muss mich für verrückt halten! Sollte ich es auf ihrem Handy versuchen? Sie vorwarnen und mich persönlich entschuldigen. Ein Versuch wäre es wert. Also rufe ich erneut an, werde aber diesmal nichts sagen, sondern nur die mobile Nummer notieren. Zitternd halte ich also die Zahlenfolge fest. Einatmen, ausatmen.

»Jetzt rufst du da an und erklärst alles!«, befehle ich mir und wähle. Wie Frau Sukowisz es ankündigte, sie ist auf dieser Nummer nicht erreichbar. Wieso hat man dann so ein Ding, wenn man es nicht benutzt? Wütend über meine Schusseligkeit, Unprofessionalität, die Gefühle, das nutzlose Handy und die fehlende Möglichkeit mich zu erklären, schließe ich resigniert die Augen. Mist. Nein, nicht mistig, es ist gespenstisch. Die Dämmerung passt zu meinen Gefühlen. Ich bräuchte jetzt Halt, müsste jemanden sprechen, sagen »Es ist doch komisch, das Oma mir plötzlich so fehlt.«

Niedergeschlagen kuschle ich mich schutzsuchend in den Sessel. Er ist weich und dennoch stabil, es fängt mich auf, hält mich, mit seinen großen Ohren. Ich schnuppere am Stoff des Kopfteil, in der Hoffnung ein paar Geruchspartikel von Oma zu erhaschen.

Reise in die Vergangenheit

Papa sitzt bei mir, in unserem Wohnzimmer in Gaggenau. Ich rechts, er links auf der blauen Couch und wir lauschen gebannt der samstäglichen Unterhaltungssendung, die aus dem Sendesaal in Baden-Baden übertragen wird. Mutter ist in der Küche – beschäftigt mit dem eigenen Leben. Wenn sie aus der Küche kommt, wird sie schlecht gelaunt sein, weil ihr beim Kartoffelschälen zu viel durch den Sinn ging. Nur wenn Ömchen, ihre Mutter aus Wien, da ist, dann blüht sie ein wenig auf und lächelt mich gelegentlich auch an. Die beiden Frauen trinken dann in der Küche Kaffee, lachen und sprechen von »Daheim«, ihrem Zuhause, das im Sudetengebiet war und das es nicht mehr gibt. Nicht einmal der Dialekt wird sich erhalten. Eingekuschelt im Sessel, lasse ich die Bilder nun zu. Es macht nichts, die Lawine ist eh schon gepoltert, nun kann ich auch das zulassen, was sie transportiert. Mein Blick fällt auf den Fragebogen. »Welcher Mensch in Ihrer Kindheit vermittelte Ihnen Sicherheit und warum?« Großmutter ganz klar, das habe ich bereits kapiert. Ob ich ohne den Anrufbeantworter darauf gekommen wäre? Wodurch wurde sie zu meiner wichtigsten Person? Was unterschied sie von den anderen? Sie hatte Zutrauen in das Leben und Vertrauen in mich.

Gleich nach dem Krieg fingen meine Großeltern in Wien neu an. Großmutter eröffnete ein kleines Schokoladengeschäft, etwas außerhalb, im 19. Bezirk. Wie im Paradies war es dort. Ein bunter Laden mit Pralinen, Trinkschokolade, den leckersten Keksen, Tortendekor. Einfach alles, was aus Schokolade hergestellt werden kann. Solche Läden gab es in Deutschland nicht, zumindest nicht in den Städten, in denen wir wohnten.

Der Laden war wie aus dem Märchen, er war meine persönliche Weihnachtswiese.

Der Vater meiner Mutter war von Beruf Schneidermeister. Er hatte eine Schneiderstube in Müglitz, in der jetzigen Tschechischen Republik. Vor dem Zweiten Weltkrieg hieß dieses Land einmal Sudentenland, das genaue Gebiet, in dem meine Vorfahren beheimatet waren, Nordmähren. Dort hatten sich meine Eltern als Kinder getroffen. Später wurden sie zu so was wie einer Traumagruppe – bestehend aus zwei Leuten.

Als Erwachsene war ich nur einmal dort gewesen. Es war sehr anrührend, vor dieser kleinen Kate zu stehen und mir auszumalen, dass meine Mutter darin aufgewachsen war. Von außen erkannte ich nicht mehr als zwei Zimmer. Dann hörte ich, dass das kleine Haus meiner Großeltern abgerissen worden war.

Vor dem Krieg war Großvater einmal in Wien gewesen. In der großen Stadt, die mit Musik und kerzenbeleuchteten Tanzsälen lockte. Er war dort auf Wanderschaft gewesen, um auch seinen Nagel in den »Stock am Eisen« am Stephansplatz zu schlagen, Treffpunkt seit Jahrhunderten von Burschen und Gesellen aus aller Welt. Diese Reise war die einzige seiner Jugend gewesen. Von Müglitz nach Wien und zu Fuß wieder zurück.

Mein Großvater liebte gerne und deswegen musste er sich in meine Großmutter verlieben, die vom Wesen her fraulich und wie ein wärmendes Polster war. Trotz aller Verluste freute sie sich auf die Zukunft und plante, diese mit Einfallsreichtum und Fantasie zu gestalten. Großmutter konnte mit Worten zaubern, fantasierte sich ihre Heimat ganz neu zurück. In ihren Geschichten tauchten Tiere mit verschiedenen Köpfen auf und Tannenbäume, deren Früchte Christbaumkugeln und Kerzen waren.

»Aber wieso denn Kugeln«, zweifelte ich die Wahrheit der Erzählung dann an.

»Sie haben doch auch Zapfen, wieso sollten sie dann nicht auch Kugeln tragen? Ich sage dir, in Böhmen wachsen die Christbaumkugeln an den Tannen. Nicht umsonst ist Böhmen für seine Glaskunst bekannt. Ich kannte mal eine Frau, die hatte einen ganzen Garten mit Christbaumkugeltannenbäumen. Sie erntete diese wie Äpfel. Ganz vorsichtig und zart drehte sie die Kugeln mit den Stielen ab. Gute Kugeln erkennst du an einem kleinen Zäpfchen. Dort sind sie losgelöst worden. Diese Frau hatte übrigens auch noch ein anderes Beet, darauf wuchsen kleine Sträucher mit Lametta. Das sah sehr lustig aus, wenn der Wind drüber ging. Ach, das würde ich dir gern mal zeigen, wenn ich nur könnte.«

Großvater, gezeichnet vom Verlust seiner Heimat, starb schon früh. Noch mal heiraten, das wollte Großmutter nicht, ihr Mann sei tot, einen zweiten gebe es für sie nicht, sagte sie immer. Und so blieb sie – dankbar für alles, was sie hat und hatte – bis zu ihrem Tod allein und führte ihr Geschäft mit all der Liebe, die sie aufbringen konnte.

Noch in den Wirren der Nachkriegsjahre fanden sich auf einer Ferienfreizeit für Kinder von Vertriebenen zwei Jugendliche, die später meine Eltern wurden. Mein Vater, eher zuversichtlich, und meine Mutter, die all dem nachzutrauern schien, was sie gar nicht wirklich kannte. Mutter beschwerte sich, dass ihr die Kindheit und Jugend genommen worden war, Vater, dass er keine fröhliche Frau hatte.

Und dann war da ich. Verstehen, was mit meiner Familie los war, konnte ich nicht. Verstehen konnte ich nur Großmutters bedingungslose Liebe. Doch sie war nicht oft da und wenn, dann viel zu kurz, als dass mich ihre Liebe hätte 365 Tage im Jahr nähren können. Es war eben wie es war. Mutter liebte mich, aber eben auf eine sehr kühle Art, den Kopf geneigt, die Augen auf die Hefte, die ich zur Durchsicht auszubreiten hatte. »Mmmh, mmmh, mmmh ...«, hat sie dann gemacht und, wenn ich mein Ziel nicht erreicht hatte, mit dem Kopf geschüttelt. »Ich habe mich drauf verlassen, dass du dich anstrengst, und was ist …?«

Dabei strengte ich mich immer so an, und trotzdem reichte es oft nicht. Und immer wieder eine neue Schule, neue Klassen. Die Arbeitssuche meiner Eltern erforderte das. Dreimal habe ich allein die Grundschule gewechselt, wer kann da schon mithalten. Immer neue Gesichter, die mich musterten, immer neue Dialekte, die ich nicht verstand, immer wieder Einsamkeit. Jetzt wird mir übel. Es war furchtbar. Wieso habe ich darüber noch nie wirklich nachgedacht? Seit Jahren mache ich Sendungen darüber, was Menschen stark macht und was schwach, aber in meine eigene Kindheit habe ich dabei nie geblickt. Allein diese Situationen in der Schule, in denen ich mich so oft ungeschützt und ausgeliefert fühlte.

»Wie heißt dieses Waldgebiet hier?«, das Klacken des Lehrerstocks kann ich jetzt, sicher im Sessel, deutlich hören. Erst auf das Pult, dreimal. Dann mit der Spitze auf mich gerichtet. »Du da! Dorothea! Hier wird nicht geträumt und geschlafen. Das war vielleicht in deiner anderen Schule so. Hier nicht. Sage mir, wie heißt das Waldgebiet hier?«

Der Stock bewegt sich nun von mir weg, auf die Karte die am Ständer hängt. Wenn die Spitze die Karte, berührt, spannt sie sich wie die Haut auf dem heißen Kakao, die niemand mag.

»Das ist der Odenwald!«, höre ich mich antworten. Alle lachen. Die anderen Kinder fallen vor Prusten fast aus ihren Bänken. Der Odenwald, wie dämlich doch die Neue mit dem komischen Namen ist. Die neue, doofe Dorothea, die so anders ist als wir.

Freunde hatte ich nur wenige. Nach Hause durfte ich auch niemanden einladen, »da macht ihr zu viel Unordnung, Dorothea«, lautete das Verbot. Meine Eltern arbeiteten beide, also war ich ein sogenanntes Schlüsselkind mit einer Lederschnur um den Hals. Andere Mütter blickten mitleidig auf mich und zogen ihre braven Zopftöchter an der Hand aus der Schule heraus. »Die Mutter von Dorothea arbeitet«, hörte ich sie dann murmeln. »Die will das sicher nicht, die muss! Sei froh, dass wir so einen fleißigen Vati haben und du dir nicht selbst das Mittagessen wärmen musst.«

»Wieso darf ich nicht mit den anderen spielen?«, fragte ich.

»Wir sind doch da, da brauchst du keine Kameraden. Die Familie reicht völlig aus.« Ihre Hände wühlten kontrollierend in meinem Schulranzen. Was da alles zum Vorschein kam ... altes Butterbrotpapier, nicht sorgfältig genug zusammengeknüllt, sodass zurückgebliebene Butterreste das Rechenheft beschmierten.

»Kannst du nicht auf deine Hefte besser aufpassen?«, wurde Mutter sofort energisch. »Das ist ja vielleicht eine Sauerei!«

Sauerei, das passte auf alles.

»Sauerei, wie es bei dir aussieht!«

»Zeig mal deine Hände – was ist denn das für eine Sauerei?«

»Hast du kein Benehmen? Was soll die Sauerei?«

Vater mischte sich nicht ein, zog sich aus allem raus und ging in den Wald Pilze suchen. Alles besser, als mit Mutter zu streiten und zu debattieren.

Oma war die Frau, die mir zeigte, dass man Fehler machen darf und trotzdem geliebt wird. Dass es nichts ausmacht, wenn der Ranzen unordentlich ist, sondern dass es wichtiger ist, dass man gerne lernt. Und dass man nicht schön sein muss, um trotzdem besonders zu sein.

Wenn Großmutter bei mir war, dann hielt ich Mutters unglückliche Seite aus. Auf den Knien der Großmutter war das möglich. Die schunkelten mich und ihre verschränkten Arme vor meinem Bauch hielten mich fest umschlossen. Das war warm und gab Halt, wie in einem Vogelnest. »Du bist mein Schatzerl, du bist mein Katzerl.« Die Arme meiner Mutter waren eher verschränkt, starr vor die Brust gepresst.

»Warum konntest du nicht auch mal Fünfe grad sein lassen? Warum war es dir nicht möglich, dich an mir oder an deinem Mann zu erfreuen? Wieso warst du immer unglücklich und verhärmt?«, frage ich aufgebracht die Fotografie von ihr, die gerahmt seit dem letzten Weihnachtsfest in meinem Bücherregal steht. Auf diesem Foto lacht sie. Für einen Moment schien sie glücklich und heiter. Den Kopf ein wenig schief gelegt, strahlt sie lächelnd in die Kamera. Zauberhaft sieht sie aus, wie Dornröschen. Doch schaut man ganz genau hin, erkennt man, dass das Lachen nur aufgesetzt war. Sie wollte es richtig gut machen. Wie auch ich immer alles richtig machen will. Vielleicht ist es das, was Mutter und mich in der Tiefe verbindet. Wir beide möchten es gut machen, ordentlich sein, nicht zu sehr auffallen – besonders nicht durch schlechte Leistung, und niemand soll merken, wie schwer uns dann diese Momente tatsächlichen fallen. Das innere

Kind meiner Mutter war mit Sicherheit angestrengt und bemüht. Ihr inneres Kind und das meine hätten sich gut verstanden. Großmutter lockerte diese Verbindung auf. Aber meine Mutter musste auch große Konflikte verspürt haben, denn lebten Großmutter und ich nicht die Leichtigkeit, die sie vielleicht gerne mit mir gelebt hätte? Irgendwann, nehme ich mir vor, irgendwann, wenn wir zusammen sind, will ich mal in diese Richtung fragen. Großmutter ging offenherzig auf ihre Umwelt zu. Wie kann es sein, dass meine Mutter ein so gewissenhaftes Mädchen in sich trägt, und Oma eine kleine Trullala?

Durchbruch

Es ist das alte Radio, das mich in das Hier und Jetzt zurückbrummt. Der Sender hat sich mal wieder von allein verstellt und ich muss aufstehen, um ihn neu zu justieren. Leise höre ich die sanften Klänge klassischer Musik. Das tut gut. Noch ein paar Minuten still zuhören, dann werde ich Frau Sukowisz erneut anrufen. »Wissen Sie was«, werde ich sagen, »Sie haben mir mit Ihrer Stimme eine ganz schöne Suppe eingebrockt. Genügt es nicht, dass dieses Sendungsthema so anstrengend ist, muss ich jetzt auch noch in mir rummähren?«

Als wäre der Zeitungsstapel vor mir ein Orakel, ziehe ich wahllos einen Artikel heraus und lese: »Unsere inneren Kinder helfen uns, die Situationen und Personen in unserer Kindheit zu finden, in denen wir übersehen wurden, nicht gehört, beachtet, wertgeschätzt und nicht die Zuwendung bekamen, die unsere Kinderseelen brauchten. Der Kontakt mit dem

Kind, das in uns wohnt, macht uns nachträglich rund und sicher.« Rund wie der Vollmond, der mich hält und trägt und gleichzeitig so dünnhäutig macht, dass scheinbar alles in mich dringen kann. Hätte Mama vielleicht als Kind auch mehr Sicherheit gebraucht, als Oma ihr geben konnte? Vermutlich, nach allem was sie erleben musste. Die Vertreibung, die Not, der Vater, der fehlte, die Einquartierung bei einem Müller, der ihnen ein Plätzchen auf dem Dachboden zuwies. Dort, wo nebenan die fetten Würste hingen, von denen sie sich nichts runterschneiden durften. Versuchte sie sich, durch Kontrolle und Starrheit, ein Gerüst, ein paar Haltegriffe zu geben, da ihre eigene Mutter ihr nur schwingende Seile und Schaukeln bieten konnte? Wenn ich jetzt weiterdenke, dann würde das ja bedeuten, dass sie mich mit der Klarheit erziehen wollte, die ihr selbst immer gefehlt hat. Was mir dann aber wiederum fehlte, war die Leichtigkeit. Sie hat eben nicht mit mir im Wohnzimmer getanzt, sondern versuchte Mutter zu sein, indem sie mir auf die Finger sah und mein Verhalten superexakt im Blick behielt. Darauf reagierte ich wieder, indem ich ständig versuchte, sie aufzuheitern, wodurch sie sich nicht gesehen oder ernstgenommen fühlte und mich bestrafte, indem sie mich übersah. Aus diesem Teufelskreis fanden wir nicht hinaus.

Wie kann ich das für die Sendung verwenden, welche Fragen ergeben sich daraus? Sind Beziehungen heilbar, wenn man versteht, was man braucht und es sich selbst gibt? Darüber könnte doch die Psychologin sprechen.

Ich stehe auf und gehe zum Fenster, noch im Gehen betätigte ich die Wahlwiederholungstaste und höre erneut die warme Stimme. Die Ansage ist schon lange fertig, als ich endlich meine Stimme wiederfinde.

»Entschuldigen Sie, dass ich schon wieder anrufe. Aber ich möchte Sie um etwas bitten. Wie schon gesagt arbeite ich als Redakteurin fürs Radio. Im Moment bereite ich eine neue Sendung der Reihe ›Erzähl einmal von dir‹ vor. Vielleicht habe Sie die ja schon einmal gehört.« Wirklich gut klingt das noch immer nicht, aber immerhin besser als die Versuche davor. »Jedenfalls würden wir Sie gerne einladen.« Das Band gibt einen neuen langen Piepston von sich, dann höre ich ein Freizeichen. Genug geredet! Um Himmels willen, ich habe vergessen, das Thema der Sendung zu erwähnen und ich habe sie sofort eingeladen. Was, wenn sie gar nichts zu sagen hat?

Meine Augen heften sich an einem Flugzeug fest, das blinkend über unsere Stadt fliegt. Von hier aus wirkt es wie eine Sternschnuppe, die langsam vom Himmel fällt. Ich könnte einen Wunsch aussprechen. Wie wäre es mit: Reiß dich jetzt endlich mal zusammen? Das ist kein Wunsch, fällt mir selbst auf, das ist ein Befehl. Egal ob Wunsch oder Befehl, die Nachricht kann so nicht bleiben. Schließlich will ich Frau Sukowisz ja für die Sendung gewinnen und nicht verschrecken. Prompt, als könne Sebastian meine Gedanken lesen, schickt er eine SMS. »Alles okay?«, will er wissen, und schickt noch einen Smiley hinterher. »Alles bestens«, lüge ich zurück. Er muss nicht wissen, dass ich mich nur holpernd fortbewege, denn das hätte zur Folge, dass er sich einmischt und selbst das Telefonieren übernimmt. Die Sache mit Frau Sukowisz muss ich aber zu Ende bringen. Also beschließe ich das zu tun, was naheliegt, und wähle. Wieder meldet sich der Anrufbeantworter und wieder spült sich ihre Stimme von meinem Ohr direkt in meine Seele. Die Buchstaben rollen in meinen Bauch, genau an die Stelle, die wehtut, wenn ich versagt habe und mich schon so mies fühle, dass ich niemanden mehr um Hilfe bitten kann.

»... bitte sprechen Sie!«

Das Band ist freundlich, es lässt mir Raum. Raum,

den ich nur ausfüllen muss. »Ja, noch mal ich«, melde ich mich betreten, gerade so, als dürfe ich vor ihr Schwäche zeigen, als könne sie verstehen, was mit mir passiert und als wären wir, das überrascht mich am meisten, schon sehr lange miteinander bekannt oder sogar vertraut. »Ich weiß, dass ich so klinge, als wäre ich total neben der Spur«, sage ich und schaffe es tatsächlich mittels einer Kunstpause, in meine gewohnte Contenance zu kommen. In meinem Rücken summt leise das Radio, es spielt die Anfänge eines Walzers. Oh je, das ist jetzt nicht gut. Walzer habe ich immer mit Oma getanzt und Oma versuche ich gerade zu ignorieren.

»Na ja, Sie sind ja Psychologin und kennen sich mit schrägen Anrufen sicher aus.« Der nächste bescheuerte Satz. Wann tut sich endlich das Loch unter mir auf – wo ist die Uhr, mit der ich die letzte Stunde zurückdrehen kann, als wäre Zeit ein Joker. Nicht drauf eingehen, beschließe ich, und da mir ja sowieso nichts anderes übrig bleibt, spreche ich weiter. »Also, wie gesagt, wir würden Sie gerne als Talkgast in unsere nächste Sendung einladen. Als Expertin. Das Thema wird Vertrauen sein. Nicht etwa in die Politik, sondern in sich selbst. Urvertrauen. Inneres Kind. Wie sehr prägt die Kindheit uns als Erwachsene? Und können wir es auf irgendeine Art heilen?

So wie bei mir eben«, jetzt lache ich etwas zu künstlich und schneide eine Grimasse, als hätte ich eben eine heiße Herdplatte berührt. »Es ist nur, weil Sie mich so sehr an meine Großmutter erinnern und ich dadurch in meine Kindheit gebeamt wurde ...« Und schon ist die Redezeit wieder beendet. Wenn das so weitergeht, werde ich niemals Gäste finden und die Hoffentlich-Expertin kommt auf keinen Fall, weil die Redakteurin der Sendung nicht mal auf einem Anrufbeantworter sprechen kann.

Erschöpft schließe ich die Augen. Mein Herz; ich kann es im Brustkorb spüren. »Was für ein Tag!«, spreche ich leise mit mir selbst und weiß, er ist noch nicht vorbei. Draußen ist es schon fast dunkel, in den Wohnungen brennt vereinzelt Licht. Auch direkt gegenüber, vermutlich wohnt dort ein Kind. Die Familie muss gerade neu eingezogen sein, ich habe sie noch nie gesehen. Wahrscheinlich wohnt ein kleines Mädchen in diesem Zimmer. Die Gardinen sind rosa, ebenso wie die Wände. An der Gardinenstange hängt eine Lampe an einer langen Schnur. Es ist ein Mond, er strahlt in einem beständig warmen Gelb. Der Mond ist aufgegangen – Oma sang es immer, wenn sie mich ins Bett brachte. Der Mond ist mein Gefährte, wie ein Freund, der regelmäßig und verlässlich zu Besuch kommt. Wenn ich ihn bewusst betrachte, sehe ich kein Mondgesicht, sondern ich sehe Großmutter. Wie sie mich hält, küsst, wir zusammen im Wurstel-Prater spazieren, mit der kleinen Lilliputbahn fahren und lachen. Der Mond ist aufgegangen, eine zärtliche, tröstende Melodie. Nach dem Lied beten wir: »Lieber Gott mach dass ich gesund bleibe, und gut in der Schule, und das Mama fröhlicher wird und Papa und Omi fröhlich bleiben.« Für mich habe ich nicht gebetet, kein »Lieber Gott, bitte mach, dass auch ich immer fröhlich bin.«

Mein Blick kreist über die vielen Zeitungsausschnitte zu meinen Füßen. Da ist der Bericht eines Mannes. Er erzählt davon, dass er sich immer ganz schwer mit Streiten tue. »Ich habe es nicht gelernt«, lese ich in dem Interview. »Meine Eltern brachen nach heftigen Auseinandersetzungen häufig den Kontakt zu anderen ab. Ich habe das oft beobachtet und wenn zwischen uns mal schlechte Stimmung war, hatte ich fürchterlich Angst, sie zu verlieren und nahm mich deswegen zurück. Mein größter Albtraum war, dass es mir so ergeht wie Tante Gisela und Onkel Martin, die irgendwann kommentarlos von der Gästeliste gestrichen wurden, nachdem ein Besuch richtig in die Hose gegangen war.« Meine Augen rutschen im Text weiter. »Wenn meine Partnerin schlechte Laune hat, dann beziehe ich das sofort auf mich. Die alten Gefühle meiner Kindheit kommen hoch. Ich fürchte, auch von der »Gästeliste« gestrichen zu werden. Ohne auf meine Bedürfnisse zu achten, lenke ich ganz schnell ein, suche Harmonie und passe mich an, wie ich auch bei meinen Eltern immer gleich Versöhnung wollte. Wenn ich sie alleine lasse, dachte ich, dann streiten sie wieder, und wenn ich wiederkomme, ist vielleicht nur noch einer von ihnen da. Ich war immer bei den anderen und ganz selten nur bei mir. Das habe ich gut gelernt und deswegen ist es für mich heute eine große Herausforderung in mich zu spüren und herauszufinden, was ich brauche und was mir zu meinem Glück fehlt.«

Glück ist out, kommentiere ich sarkastisch und nehme aber gleichzeitig wahr, wie exakt dieser Mann seine Kindheit analysiert. Es kann doch nicht sein, dass man in verschiedenen Situationen die Gefühle eines Kindes hat, obwohl man wie ein Erwachsener reagieren sollte! Auch darüber könnte Frau Sukowisz sprechen. Ich mache mir eine Skizze und das Thema wird langsam zu einem Fächer: Es gibt Menschen wie Nina oder Paul, die strahlen Kinderglück aus und haben möglicherweise ein inneres Kind, dass sie ermuntert oder stützt. Und dann gibt es Menschen wie mich, dieser Mann oder diese Frau in der Straßenbahn, die innerlich zusammenzucken, weil ihnen Situationen begegnen, die an Geschehnisse in der Kindheit erinnern. Einsamkeit mischt sich darunter, die Angst, etwas nicht zu schaffen, nicht gewollt zu sein und im Stich gelassen zu werden. Könnte es sein, dass es das ist, was Paul meint, wenn er sagt: »Deine Gefühle sind mir manchmal zu viel. Ich kann dir nicht alles geben, was du brauchst.«?

Wie schön es wäre, auch ein fröhliches Kind in sich zu haben. Eines, mit dem ich jauchzen kann und das sich mit mir über Erfolge freut. Ein Gefühl, dass es mir erlaubt, bei mir zu bleiben und meine Wünsche in den Mittelpunkt zu stellen. Ich aber war bereits als Kind eine kleine Erwachsene, betete, dass es Mutti gut geht, und habe mich in dieser Sorge vollkommen übergangen.

Sagte nicht Erich Kästner einmal sinngemäß: Es ist nie zu spät für eine glückliche Kindheit? Vielleicht gibt es ein paar therapeutische Kniffe, wie man traumatische Erlebnisse oder Makel so klein hält, dass man sie irgendwann nicht mehr spürt.

Wie schon so viele Male an diesem Abend greife ich zum Telefon. »Ähm, ja, entschuldigen Sie bitte Frau Sukowisz, ich wollte eigentlich nicht mehr anrufen.« Zum Glück hat meine Stimme wenigstens einen versierten Ton und einen Moment lang mache ich mir einfach vor, als wäre es der erste Versuch, »aber die Recherche hat gerade eine wesentliche Frage eröffnet: Haben Sie damit Erfahrung, wie man auch Menschen mit schwieriger Kindheit darin unterstützen kann, die alten Gefühle loszuwerden und dabei ein stabiles Selbstwertgefühl zu entwickeln? Es muss doch möglich sein, die Kindheit einfach abzuschließen, wenn sie unglücklich war – im besten Falle zu vergessen. Als ich Ihnen von meiner Großmutter erzählte, hat mich das offenbar nicht gestärkt, sondern mich unfähig gemacht, eine ordentliche Nachricht auf Ihrem Anrufbeantworter zu hinterlassen. Wenn das innere Kind solche Momente der Unfähigkeit bewirkt, dann wäre es doch besser, nichts mehr mit ihm zu tun zu haben. Verstehen Sie, was ich meine?« Das war gut. Ich bin mit mir eigentlich ganz zufrieden. Aber halt … Moment … Hatte ich ihr das Thema schon gesagt? Es geht nicht anders, ich reiße mich zusammen und wähle erneut. »Das Thema, ich sagte es vielleicht noch nicht, ist Urvertrauen. Gibt es innere Kinder und wenn ja, wo wohnen sie und wie wird man sie wieder los, wenn sie nicht zweckdienlich sind? Was muss geschehen, dass ich mich selbst wahrnehme, achte und liebe? Was kann ich tun, um die Wunden der Kindheit endgültig hinter mir zu lassen und damit Sicherheit und inneren Frieden zu erlangen? Vielen Dank.« Zweckdienlich. Wie bin ich denn auf dieses Wort gekommen? Hoffentlich versteht sie das richtig. Kinder müssen nicht zweckdienlich sein, aber das Konzept des inneren Kindes schon. Genau, es handelt sich hier um ein Konzept – sofort schreibe ich mir den Satz auf. Ein Konzept kann man besprechen, man kann darüber diskutieren. So formuliert gefällt mir das Thema gleich viel besser. Nur zur Sicherheit hinterlasse ich meine Telefonnummer und bitte um einen Rückruf. Unglaublich, ich hab's endlich geschafft.

Ein Mädchen im Mond

Für einen Moment mit mir zufrieden, fällt mein Blick auf den Mond im Nachbarfenster. Hübsch, wie er strahlt. Ein runder Mond mit einem lächelnden Gesicht. Einen solchen Mond trug ich als Kind beim Laternenumzug stolz vor mir her und hoffte so sehr, dass das Papier kein Feuer fängt. Bei jedem vorsichtigen Schritt tanzte er gefährlich munter an seiner Angel. Niemand hatte einen so schönen Mond wie ich.

Da tritt ein Mädchen, etwas älter als ich damals, an das Fenster. Sie dürfte sieben oder acht Jahre alt sein. Dunkle Haare hat sie, an der Seite zu altmodischen Zöpfen gebunden, der Mond leuchtet über ihr. Zusammen ergeben sie ein schönes Gesamtkunstwerk. Sie sitzt am Fenster, den Kopf auf eine Hand gestützt, und blickt mir über die Entfernung hinweg mitten ins Gesicht. Hat sie mich vielleicht schon länger beobachtet? Jetzt winkt sie und etwas zaghaft winke ich zurück. Der Mädchenkopf taucht unter und gleich wieder auf. Sie streckt mir ein Blatt Papier entgegen. Ich versuche zu erkennen, was darauf gezeichnet ist. Fische müssen das sein. Bäume. Herzen. Super!, klatsche ich lobend und für sie sichtbar in die Hände. Dann bewegt sich ihr Kopf nach unten, sie scheint wieder etwas zu malen. Als der Kopf wieder nach oben wandert, streckt sie zeitgleich ein neues Blatt in meine Richtung. »Thea« steht dort, in großen Krakelbuchstaben geschrieben. Das ist ja mal süß! Wo ist ein Filzstift, wo ein Papier? Schnell, als befürchte ich, Thea könne sich in Luft auflösen, greife ich ein Papier und schreibe mit fetten Buchstaben »Doro« darauf. Schnell noch einen Rahmen gemalt, damit es schöner aussieht, und ein Blümchen muss auch noch sein. Dann trete ich ans Fenster, halte das Blatt hoch und spitzele über den oberen Rand hinweg zu dem Mädchen hin. »Doro« formuliert der kleine Kindermund und ich nicke.

»Hast du auch keine Geschwister?«, die Frage von Thea ist eine Mischung aus Männchenmalen, Gebärdensprache und Lippenlesen, aber ich kann sie verstehen.

Nein, antworte ich, indem ich den Kopf schüttle, und male zwei große Strichmännchen, eines soll

Paul, das andere mich darstellen. Für kurze Zeit verschwindet sie wieder, dann stellt sie mir ihre eigene Familie vor. Eine lilafarbene Mutter, ein leuchtend grüner Vater und in der Mitte, mit Rot gemalt, sie selbst.

Die Kleine hat wohl auch keine Geschwister. Jetzt zeigt sie auf den Mond und legt die Hände an ihre Brust, dort, wo das Herz liegt. Was will sie mir damit nur sagen? Ich runzele die Stirn und zucke mit den Achseln. Thea wirft beide Hände vom Herzen aus dem Mond entgegen. Ach so, verstehe, der Mond ist ihr Freund, ihr Begleiter, ihr Bruder. Meiner auch, nicke ich ihr heftig zu. Wir winken uns ein bisschen hin und her.

Thea deutet mir an, dass sie spielen will. Aufgeregt fuchtelt sie mit ihren Händen, streckt die Finger hoch und hält mir die Hand mal als Faust, mal ganz flach entgegen. Meint sie dieses Kinderspiel, welches ich von früher noch kenne? Ein Fingerspiel, mit dem wir uns zwischen den Schulstunden oft die Zeit vertrieben haben? Schere, Papier, Brunnen, Stein. Wer gewinnt gegen wen? Es funktioniert auch auf Distanz und durch zwei Scheiben hindurch: Das Papier bedeckt den Brunnen, der Stein fällt in ihn hinein. Die Schere zerschneidet das Papier, aber Stein und Brunnen sind stärker als sie. Ich erinnere mich sofort und lasse meine Finger tanzen. Eine Weile verbringen wir so unsere Zeit. Zufrieden genieße ich das ferne Zusammensein mit diesem süßen Mädchen.

Plötzlich dreht sich Thea um, wohl zur Tür, denn im nächsten Moment erscheint eine junge Frau, offensichtlich Theas Mutter, am Fenster. Die beiden reden, blicken gemeinsam zu mir herüber. Ich fühle mich ein wenig ertappt, so, als müsse ich mich dafür entschuldigen, mit dem Kind gespielt zu haben. Thea erklärt ihrer Mutter irgendwas. Dann verschwinden beide.

Noch eine ganze Weile bleibe ich am Fenster stehen, in der Hoffnung, dass die Kleine sich erneut zeigt. Es war schön, mit ihr Kontakt aufzunehmen, und ging ganz leicht. So eine kleine Thea, ein Menschlein, das man ins Leben bringt und begleitet, hatte ich mir sehr lange gewünscht.

Gerne hätte ich ein eigenes Kind geliebt. Es war leider nicht möglich, Paul und mir nicht vergönnt. Lange haben wir es probiert und irgendwann dann aufgegeben. Für Paul war es in Ordnung nicht Vater zu sein. »Meine Liebe für dich ist groß und wenn es uns beiden gut geht, dann mangelt es mir an nichts!«, hat er gesagt. Für mich war es anders. Jeden Monat weinte ich, wenn es wieder nicht geklappt hatte und fühlte mich leer und von allem Glück verlassen. Es wäre gut gewesen, Mutter zu werden. Einem Kind hätte ich das gegeben, was mir selbst als Kind gefehlt hatte. Auf diese Weise hätte ich mich selbst zurückgenährt. Als Großmutter nicht mehr lebte, war der Mangel groß. Auch Paul vermag diese Liebeslücke in mir nicht zu füllen. Er kann mir nicht alles geben, was ich zum glücklichen Leben brauche und ich kann ihm diese mütterliche Liebe nicht geben, denn ein Mann ist nun mal ein Mann und kein Kind. Jetzt schwirrt sie herum, diese Liebe, und weiß nicht wohin. Wie ein Huhn, das ein Ei legen will und sein Nest nicht findet. Dass mir mit Großmutters Tod etwas abhandengekommen ist, hatte ich bereits als Kind begriffen. Ich muss an ihre Beerdigung denken. Großmutter, die nicht mehr Omi war. Dieser kalte Körper, aufgebahrt in dieser kleinen Friedhofshalle, ein Lächeln im Gesicht, aber die Augen wollten mir einfach nicht mehr zuzwinkern. Schrecklich war es, als meine Kinderhand ihre fremde Hand berührte und die so vertrauten Finger kühl an der Stelle blieben, wo sie lagen. Nicht mal in dieser Situation konnte Mutter zärtlich sein, sondern war nur mit der Organisation beschäftigt, es sollten ja jede Kerze und die Blumenvasen richtig stehen. Ich sehe mich an ihrem offenen Sarg und Mutter, die mit dem Bestatter debattiert. Wieso nur konnte sie mich nicht einfach in den Arm nehmen, still werden, mir zeigen, wie Abschiednehmen geht und mich teilhaben lassen, an ihrer Trauer. Spürte sie die denn nicht? War der Leichenschmaus wichtiger als Großmutter, die da lag und sich einfach nicht mehr rührte, und als meine Liebe, die nun kein Zuhause mehr fand?

Eltern sind Kinder von Eltern, ja, und es war eben genau die Art von Liebe, die Mutter fähig war zu geben. Sie war tatkräftig, agierte drauflos, weil sie keine Idee hatte, wie man anders Zuwendung zeigt.

Ich betrachte Theas Mondlampe, wie sie das Zimmer beleuchtet, in dem sich jetzt keiner mehr befindet. Groß und gelb, mit einem lachenden Mund. Als Kind hätte mir so eine auch gut gefallen. Wo Thea jetzt wohl steckt? Gerne hätte ich noch ein wenig mit ihr gespielt, oder wir hätten uns trotz der Entfernung unterhalten. Wir könnten uns anfreunden, denke ich. Dann kann ich sie wirklich einmal zu mir einladen oder wir gehen zusammen auf den Spielplatz, ins Kino oder spazieren. Irgendwo habe ich auch noch meine alten Kinderschallplatten. *Peterchens Mondfahrt*. Vielleicht wird ihr das gefallen, wo sie doch auch den Mond so mag.

Die Stimme in mir

Kinder tun der Seele gut. Suchen deswegen alle dieses innere Kind? Zaghaft lege ich die Hand auf meinen Bauch und blicke fragend an mir runter. Das ist total albern, was erwarte ich? Dass etwas in meine Hand zwickt? Was aber, wenn die Gefühle, die ich für kleine Theas hege, eigentlich zu mir gehören? Wenn es nichts bringt, die Liebe einem Kind zu schenken, die man sich selbst geben sollte und es der Selbstliebe egal ist, ob du eigene Kinder hast oder nicht.

»Ich will, dass du mich fühlst!«, vernehme ich überrascht eine zarte Stimme in meinem Inneren. Huch, was war das? Ich bin irritiert und durcheinander, meine Gedanken galoppieren in verschiedene Richtungen. Großmutter, der Mond, der Sarg, die enttäuschte Mutter über meinen Schulheften. Möglicherweise muss ich Mutter einfach mal erzählen, was ich denke, oder ihr sagen, wie es mir mit ihr ging. Ich könnte auch ganz direkt sein und sie fragen, ob sie mich wollte und liebt. Gefährliche Sache, zucke ich zusammen. Besser ich frage sie, woran sie Liebe spürt. Es braucht schon etwas Mut, bis ich ihre Nummer wähle. »Mama«, beginne ich vorsichtig, »du, ich mache eine Sendung über Liebe«, das stimmt zwar so nicht ganz, aber für mein Ansinnen genügt es. »Woran erkennst du eigentlich, dass du jemanden liebst? Klopft dein Herz oder flattern Schmetterlinge?«

»Oh je«, sie stellt den Fernseher leiser. »Ich weiß gar nicht, wie du darauf kommst. Liebe ist doch etwas ganz Praktisches. Mit dem Herzen hat das doch nichts zu tun, das ist doch nur ein Symbol. Ach, ich weiß nicht, ich will nicht drüber sprechen. Habt ihr ein schönes Wochenende?«

Getroffen. Bingo. Hätte ich sie gefragt: Wie zeigst du Liebe?, dann hätte sie allein die Frage schon als Vorwurf interpretiert.

»Ja, aber wie merkst du es denn, wenn es für dich nicht vom Herzen kommt? Es geht dabei nicht um mich, ich brauch das für eine Sendung.«

Sendung ist immer gut. Für Mutter ist das wie eine Fleißaufgabe, es spornt sie an, wenn sie der Hörfunk-Tochter helfen kann. Dann ist sie stolz, dann kann sie etwas Sichtbares geben.

»Also, an diesem Ort merke ich das«, weiß sie auf einmal ganz genau, »wenn die Schwestern höflich sind und machen, was ich sage. Oder wenn du mir etwas abnimmst, mich unterstützt oder darauf aufmerksam machst, dass ich etwas zu beachten habe, auch ohne, dass wir darüber viel reden.«

Okay. Das ist sehr weit weg von dem, was ich als Liebe fühle, außerdem rede ich ausgesprochen gerne.

»Hörst du es gerne, wenn man dir sagt, dass man dich mag?«

Sie denkt nach. »Nein. Worte sind nur Schall und Rauch. Dein Vater hat immer viele Worte gemacht und Oma auch. Aber die Ärmel hochkrempeln und zupacken, da hat sich vor allem Papa gerne gedrückt. Die Arbeit blieb oft an mir hängen. Als deine Oma, meine Mutter, starb, da hat dein Vater mich zum Beispiel gar nicht unterstützt. Alles musste ich alleine organisieren und kam nicht mal zum Abschiednehmen. Das war schlimm. Also nein, keine Worte, bitte lieber Taten ohne großes Brimborium drumherum.«

»Danke!«, sage ich und meine es ganz ernst. Ich habe gerade etwas verstanden. »Das hilft mir wirklich weiter.« Und ich verzeihe ihr, dass sie mich bei Omas Tod nicht trösten konnte, und mir, dass ich diese Beerdigung so einseitig und mit den Augen eines Kindes sah. »Wenn du möchtest, komme ich nächstes Wochenende und helfe dir endlich mal, den Versicherungskram zu sortieren.«

»Ach, das wäre wunderbar!«, ihre Stimmfarbe hellt sich auf. Zu wie vielen Ausflügen und Kaffeefahrten hatte ich sie eingeladen und diese Reaktion erhofft? Am besten, ich fange erst gar nicht an zu zählen. Auch Mama hat Bedürfnisse, die sie nicht hört, und damit ein inneres Kind, das sich meldet und das sie übersieht. Ich habe ihr Verhalten immer nur auf mich bezogen und wurde dadurch traurig. Vielleicht erkläre ich ihr das Ganze beim nächsten Besuch … Mutter wird mir nicht mehr geben können, was ich suche. Oma lebt nicht mehr. Paul ist nicht zuständig. Wenn also jemand etwas für mich tun kann, möglicherweise sogar dieses Bedürfnis nach Liebe stillen, dann bin das wirklich ich.

Wie durch einen Schleier nehme ich Theas gelbgold leuchtendes Fenster wahr, der Vollmond strahlt still und stumm herüber. Ob sie *Peterchens Mondfahrt* schon kennt?

»Wir fliegen zum Mond, um dem Maikäfer Summsemann sein Beinchen und mein Lächeln wiederzuholen«, flüstere ich leise. Dort, auf der Weihnachtswiese, da wächst das Spielzeug auf den Bäumen und der Nikolaus ist ein gütiger alter Mann, der auf all die Kinder aufpasst, die alleine unterwegs sind und die zu wenig Liebe spüren.

Besuch mit weißen Punkten

Da! Ich sehe Thea wieder! Sie steht am Fenster steht und winkt mir zu.

»Hallo!«, winke ich ihr freudig, obwohl ich weiß, dass sie mich nicht hören kann und auch meine Lippenbewegungen nicht sieht. Zu tief ist mein Kopf im Sessel vergraben. Sie steht am Fenster und schaut zu mir. Ich winke ihr heftiger. Jetzt sieht sie mich und winkt strahlend zurück.

Soll ich zu dir kommen?, fragt sie mich mit ihren Händen.

Warum nicht?, zucke ich einladend mit den Schultern, obwohl es schon ziemlich spät ist. Muss sie denn nicht ins Bett?

Jetzt sehe ich, wie Thea auf irgendetwas steigt und das Fenster öffnet. Wie in Zeitlupe greift sie nach ihrer Mondlampe und steigt auf das Fensterbrett. Der

Mond hängt mit seiner Schnur wie ein Ballon an ihrer Hand. Sie winkt mir mit der freien Hand.

Noch ein Schritt, dann wird sie fallen! »Halt!«, schreie ich vor lauter Schreck laut und versuche eilig mein Fenster zu öffnen, aber es klemmt und ich bin zu ungeschickt. Meine Augen weiten sich vor Schreck, das Blut schießt durch meine Adern, mir wird ganz heiß. Sie wird hinabstürzen, und außer um Hilfe zu rufen kann ich nichts dagegen unternehmen!

Schon lösen sich ihre Füße vom Fensterbrett. Gott sei Dank, sie fällt nicht. Theas Mond trägt sie sanft aus dem Fenster hinaus. Ich kann es nicht fassen, aber sie schweben durch den Abendhimmel zu mir her. Wie eine Figur aus einem Bilderbuch. Thea und ihr Mond. Lächelnd und leicht fliegt Thea auf mich zu. Ich stehe wie gebannt am Fenster und winke ungläubig zurück. Obwohl das alles nicht sein kann, öffne ich die Tür meines Balkons und nehme Mond und Mädchen in Empfang.

»Guten Abend!« Da ist sie. Ein kleines Mädchen mit Zöpfen, in einem roten Samtkleid mit weißen Punkten, in der Hand eine Schnur, an der sich der schwebende Mond befindet. Sie hat Grübchen und

Sommersprossen, wie ich jetzt erkennen kann, und ihre Augen leuchten hell und blau.

»Guten Abend«, flüstere ich erstaunt zurück und weiß nicht recht, was ich sonst noch sagen soll. Thea bindet ihren Mond am Balkongeländer fest, greift ganz selbstverständlich nach meiner Hand und führt mich ins Wohnzimmer.

»Das ist ja mal eine Überraschung«, höre ich mich verlegen sagen. »Schön, dass wir uns kennenlernen.«

Neugierig schaut sich Thea erst einmal um und bleibt vor meinem Sessel stehen. »Der ist schön«, sagt sie. »Kuschelst du dich mit mir hinein?«

Ich setze mich und Thea findet auf der Armlehne ihren Platz.

»Ich dachte, es ist Zeit, dich mal zu besuchen.« Sie schaut mich mit ernsten Kinderaugen an. »Freust du dich?«

»Ja«, stottere ich und genieße es, dass sich ihr Köpfchen zu mir beugt. Unsere Gesichter sind nun auf derselben Höhe, ganz nah. Ich kann den Duft ihrer Kinderhaut riechen, die Sommersprossen unter ihren Augen zählen. Der echte Mond schaut zu uns herein und Thea's Mond schwebt an seiner Schnur lautlos, vor meinem Fenster, als warte er, wie ein Lufttaxi, darauf, Thea wieder abzuholen.

»Es ist gemütlich bei dir«, Thea lächelt und rückt noch näher an mich. Wieso sage oder frage ich nichts? Wieso fühlt es sich, obwohl völlig absurd, so natürlich an, dass Thea hier bei mir sitzt? »So habe ich mir das immer vorgestellt. Ich wollte so gerne mal mit dir zusammensitzen. Nur wir beide. Mit dir kuscheln und reden.«

»Kennst du mich schon lange?«, frage ich verblüfft.

Sie nickt.

»Ich habe dich noch nie gesehen, obwohl ich oft an meinem Fenster oder auf dem Balkon sitze, um den Mond zu beobachten. Seit wann wohnst du denn hier?«

»Ich wohne schon lange hier.« Sie zählt mit den Fingern. »Fünf Jahre oder sechs oder sieben oder sogar acht.«

»Komisch. Ich hab dich nie bemerkt ...«

»Weißt du«, lächelt sie. »Ich habe gewusst, dass wir uns irgendwann kennenlernen, und einfach gewartet. Es ist schön, dass du mich endlich gesehen hast und ich zu dir kommen durfte. Ich habe schon so oft am Fenster gestanden und zu dir geschaut, habe Zettel hochgehalten und nach dir gerufen. Manchmal habe ich sogar geschrien oder geheult, aber du hast mich nie gesehen und gehört. Immer warst du so beschäftigt.«

Ihre Augen sind auf mich gerichtet. Thea hat mich gerufen? Sie hat gewartet, manchmal geweint?

»Auch wenn du in der Arbeit warst, war ich da. Ich war dann still, weil Kinder ja leise sein müssen, wenn die Großen arbeiten. Aber ich wusste, dass du mich irgendwann siehst, war da und habe auf dich gewartet.«

»Was erzählst du denn da?«. Ich weiß nicht, ob ich besorgt sein soll oder Thea mich nur auf den Arm nehmen will. »Du kannst nicht bei mir im Büro gewesen sein. Ich kenne dich doch gar nicht.« Ist das jetzt sehr barsch und unhöflich?

»Und ob wir uns kennen!« Thea macht einen Schmollmund und ich halte nicht dagegen. Sie ist ein Kind, sie muss mich einfach mit jemand anderem verwechselt haben.

»Warum hast du nie etwas gesagt?«

»Habe ich doch«, mit vor der Brust verschränkten Armen macht sie ein trotziges Gesicht. Jetzt ist sie ein kleines, genervtes Mädchen, dass die Erwachsenen blöde findet, weil sie nicht verstehen wollen. Das ist so rührend, dass ich sie in den Arm nehmen muss. Wie schön es ist, diesen kleinen Körper so nah an meinem zu spüren.

»Ich habe oft an dir gezupft«, flüstert Thea. »Und ich habe dir meine Gefühle geschickt.«

Moment mal. Was sagt sie da gerade?

»Was meinst du mit, du hast mir deine Gefühle geschickt? Sind wir denn irgendwie miteinander verbunden, dass du mir etwas schicken kannst?«

»Wenn ich traurig war, dann warst du es auch. Aber du hast es nicht richtig gemerkt. Wenn ich lieber spielen wollte, dann hattest du keine Lust, deine Aufgaben zu erledigen. Aber du hast dich nur über deine Faulheit geärgert und nicht gefragt, woher sie kommt. Du warst nicht faul, sondern ich hatte Langeweile. Wenn ich mich allein fühlte, dann wolltest du keine Kartons packen ...«

Die Kartons. Sie weiß es! Woher?

»Das stimmt«, antworte ich und fühle mich ertappt. »Ich hatte diese Gefühle. Ich war traurig, aber ich dachte, dass mich dieser Umzug einfach nervt. Dass du es warst, wusste ich nicht, habe nicht geahnt, dass diese Gefühle aus mir kommen, ich dachte, sie werden durch das Leben und den Alltag ausgelöst. Jemand tut etwas und ich bin deswegen ärgerlich oder eben traurig.« Jetzt stockt mir der Atem, »ich habe alles auf die anderen geschoben.« Als ich nachdenklich den Kopf schüttle, macht Thea es mir nach.

»Es tut mir leid, dass ich dich nicht bemerkt habe, obwohl du dir solche Mühe gegeben hast.«

»Aber jetzt sind wir zusammen«, flüstert Thea sehr vertraut und kuschelt sich noch näher an mich. »Es ist schön, jetzt Zeit mit dir zu haben.«

»Und was möchtest du machen?«, frage ich, weil es komisch ist, einfach nur so dazusitzen.

»Dir näher kommen«, sagt sie. »Bei dir sein.«

»Soll ich dir ein Geschichte erzählen?«, frage ich etwas hilflos, weil ich nicht weiß, wie ich reagieren soll. »Oder magst du mir etwas erzählen?«

»Vom Mond?«, fragt sie.

»Gerne auch vom Mond.«

»Mein Mond hat mich lieb«, sagt sie. »Er hat nie

etwas von mir verlangt. Er ist immer da und schützt mich. Wenn ich in der Nacht aufwache, muss ich keine Angst haben, denn er ist da, schickt mir liebe Träume und sagt, dass ich gut bin, wie ich bin. Das ist schön.« Ihr Kopf, an meine Schulter gelehnt, rutscht nun ein wenig hoch, so, dass wir uns ansehen können. »Aber ich würde mich lieber von dir beschützt fühlen.«

»Wie soll ich dich denn beschützen?«, reagiere ich fast erschreckt.

»So wie jetzt. Indem du mich siehst, mir Fragen stellst und meine Antwort fühlst.«

Das ist jetzt kompliziert. »Aber wie soll ich denn fühlen können, was du sagst?«

»Ganz einfach. Mach die Augen zu und rede nichts. Sei mal ganz still.« Sie legt ihren Finger vor den Mund und flüstert: »Höre. Fühle. Was sage ich dir jetzt?«

Mit dem Kind an meiner Seite, schließe ich die Augen und fühle in mich hinein. Ist sie da wirklich wieder, diese zarte feine Stimme, die ich schon vorhin hörte? Das ist kein Konzept, ich kann es nicht strukturieren oder abhaken. Es lässt sich auch nicht diskutieren oder gar wegschicken. Es ist ein Gefühl, das mit mir spricht.

Eine neue Freundin

Ich will, dass du mich ernst nimmst«, höre ich die Stimme sagen. »Ich möchte so gerne, dass du Liebe zu mir schickst. Bitte pass auf, dass mich deine viele Arbeit nicht ganz klein trampelt.«

»Nein«, stoße ich energisch aus und reiße dabei die Augen erschrocken auf. »So etwas gibt es nicht. Ich rede mit mir selbst.« Welche Einfalt, welche Naivität! »Es gibt keine inneren Stimmen, die mit einem sprechen!« Ich sage das so laut, dass man mich bestimmt bis in den Hausflur hören kann.

»Aber sicher doch. Indem du lieb an mich denkst und mein Mond wirst, kannst du mich hören und fühlen.« Es ist Thea, die das sagt.

Indem ich lieb an sie denke und ihr Mond werde? Mein Kopf möchte diesen Satz analysieren, zerteilt ihn in Worte, prüft den Satzbau und die Logik, obwohl ich genau spüre, dass mein Herz längst verstanden hat. Mein Inneres weiß ganz genau, was Thea sich wünscht. Und obwohl ich versuche, es zu leugnen, muss ich mir nun etwas Wichtiges eingestehen: Da ist tatsächlich eine Verbindung zwischen uns. Eine goldene Schnur, ähnlich jener am Mond, die Thea durch den Himmel und zu mir getragen hat, stabil und belastbar. Und obwohl sie so dünn ist, kann ich sie jetzt genau sehen. Sie leuchtet in der Nacht, schwebt zwischen uns und ist von einem sanften Licht umgeben.

»Jetzt spürst du mich, das kann ich fühlen.« Thea lächelt. »So ist es gut. Und wenn du dich erinnerst, wie du dich gefühlt hast, als du Kind warst, dann weißt du genau, was mir guttut, was ich brauche. Aber psst …«, sie legt wieder den Zeigefinger vor ihren Mund. »Sprich nicht so viel, sondern schicke mir ein Bild oder einen Traum. Bilder verstehe ich besser als Worte. So können wir zusammen sein.«

Ich werde schläfrig, meine Muskeln entspannen sich, mein Verstand kann sich gegen dieses wohlige Gefühl nicht wehren. Es geht über mein Denken hinaus, lässt alles, was gerade geschieht – den Besuch von Thea, die Stimme in mir – einfach zu. Mich nicht zu wehren, tut mir gut, ich fühle mich wohl, indem ich zulasse. Zaghaft ertasten meine Finger Theas Händchen und ich lege meine Hand auf die ihre.

»Was siehst du gerade?«, fragt sie mich.

»Ich sehe«, beginne ich, »ein Mädchen, dass im Bett liegt und sich Liebe wünscht. Eine Liebe, die tief rosafarben ist. Ganz warm und weich. Sie sehnt sich danach«, spreche ich weiter, »nicht alleine zu sein, sondern mit anderen zu spielen. Sie wünscht sich Eltern, die sie ermutigen und die ihr zeigen, dass das Leben gelingen kann. Die sie an die Hand nehmen und ihr die Schönheit der Welt zeigen. Sie schenken ihr duftende Blumen, sind mit ihr in einem wunderbaren Garten. Tiere sind dort, Vögel singen und es gibt einen kleinen See, der plätschert und aus dem die Fische munter springen. Die Eltern sind lieb, sie nehmen das Mädchen in den Arm, schmusen mit ihr und auch mit sich. Sie haben sich lieb und das Mädchen auch. Sie sind eine Familie.«

»Oh ja«, schmiegt sich Thea fester an mich. »Das kann ich auch sehen.«

»Gibt es etwas«, will ich von Thea wissen, »das ich für dieses Mädchen in mir tun kann? Wovor hat es Angst und was kann seine Traurigkeit auflösen?«

»Vielleicht wenn du ihr jetzt zuhörst, was sie

glücklich machen könnte? Schließe die Augen und lausche zu ihr hin. Sie wird es dir erzählen.«

Etwas in mir will sich dagegen wehren, aber diesmal lasse ich das nicht zu. Da ist ein Mädchen, ein Kind, eine Thea auf der Lehne und gleichzeitig ein Kind in mir. Es hat Sehnsucht. Wenn ich sie so deutlich sehen kann und wahrnehmen, welches Glück sie sucht, dann kann ich es ihr vielleicht auch geben.

»Du bist schon groß«, flüstert Thea leise. »Aber das Mädchen in dir ist klein. Du kannst nichts dafür tun, dass es eine glückliche Kindheit hatte, du kannst ihre Eltern nicht dazu bringen, einander zu lieben, du kannst niemanden glücklich machen, es liegt nicht in deiner Macht. Das Kind ist in dir. Nur du kannst es hören und nur du kannst ihm reichen, wonach es sich sehnt.«

»Aber was macht das Mädchen froh? Ich höre nichts!«

»Es sind nicht immer Worte nötig, wenn unsere Seele mit uns spricht. Finde das Gefühl, das sie dir schenkt.«

Da ist ein großes Vertrauen, das ich jetzt deutlich spüre. Es macht sich in mir breit, als wäre es weihnachtlicher Duft, eine wärmende Decke, eine Wolke aus Liebe. In dieses Gefühl kann ich mich kuscheln, es ist goldgelb, wie Sonne, Mond und Sterne. Es behütet mich und es erlaubt mir zuzulassen und all das zu sehen, was ich brauche, damit ich stabil, heiter und zutrauend bin. Bunte Bilder lösen sich aus diesem Gefühl. Es ist eine Reihe von Impressionen. Schnappschüsse meines Lebens, in meinem Inneren archiviert. Schmusend sehe ich mich mit Paul auf einer Bank im Grünen sitzen. Das nächste Bild zeigt uns, wie wir Hand in Hand durch blühende Wiesen schlendern. Es ist eine große Verbundenheit zu spüren. Verbundenheit, die Individualität gestattet. Weiter sehe ich mich im Büro mit Nina sitzen. Ich allein, lesend auf der Couch. Sehe mich in einem Museum, wie ich die Bilder von Chagall betrachte. Dann auf einmal Wien, das Riesenrad im Prater leuchtet. Aus der Ferne winkt mir Großmutter zu, Mutter sitzt neben Vater auf einem großen Plüschsofa und hält ein Buch in den Händen. Es ist ein Kinderbuch, sie wird es mir gleich vorlesen.

»Mich macht glücklich, wenn Menschen mit mir sind«, antworte ich ehrlich. »Ich war, als ich so alt war wie du, oft alleine mit meinem Mond. Es ist gut, wenn man allein sein kann, aber es ist auch gut, mit anderen zu sein, besonders mit Menschen, die einen wirklich lieb haben.«

»Hat dein Paul dich lieb?«, fragt Thea.

»Ja, aber jetzt ist er nicht da«, kommen mir nun die Tränen.

»Oh ja! Ich weiß! Und im Büro musst du umziehen. Und mit der nächsten Sendung bist du allein. Wie kommt das?«

»Ich habe nichts gesagt, mich nie wirklich beschwert«, sage ich verschämt. »Eigentlich wissen meine Kollegen oft nicht, was ich brauche, weil ich zu viel verschweige und hoffe, dass sie von alleine sehen, was mir fehlt.«

»Wie ich«, sagt Thea. »Aber ich bin ja noch klein und kann nichts sagen, wenn sie mich alleine ins Zimmer schicken.«

Jetzt werde ich wütend, wie kann man solch ein herzallerliebstes Kind einfach in ein Zimmer schicken, es sich selbst und einem Mond überlassen?

»Weinst du denn dann nicht laut?«, möchte ich wissen.

»Ich weine nur leise«, Thea sieht mich nicht an. Ihre Augen sind fast geschlossen, ihr Blick ist auf den Teppich gerichtet. »Wenn ich traurig bin, dann denke ich, die Menschen müssten das sehen.

Das tun sie aber nicht. Man muss sagen, was man braucht.«

Da ist so viel Liebe, die ich für sie spüre. Dieses Mädchen, es ist so wertvoll. Ich möchte bei ihr sein und, wenn es geht, ihr das geben, was sie braucht, damit ihre Augen wieder strahlen.

»Magst du es mir sagen? Ich würde versuchen, dich zu trösten.«

Die Schnur zwischen uns bewegt sich sanft. Sie pulsiert, als würde heilende Energie durch sie hindurchfließen. Fast leuchtet sie in der Dämmerung, und je mehr Liebe ich Thea schicke, desto heller scheint das Licht der Schnur zu werden.

»Du tröstest mich, indem du mich nicht wieder vergisst«, flüstert sie. »Ich wünsche mir, dass du bei mir bist und es bemerkst, wenn ich unsicher bin oder es mir an etwas mangelt. Du musst mir nicht alles erfüllen, alles geben, aber wenn du mich wahrnimmst und mit mir sprichst, dann hilft das schon sehr viel. Wenn ich mich fürchte und alleine bin, dann möchte ich dich spüren. Früher, wenn es mir so ging und ich dich gerufen habe und mein Mond zu dir hinleuchtete, dann hast du dich darüber lustig gemacht, gesagt, der Vollmond würde dich durcheinanderbringen. Aber es war nicht der Mond. Ich war es, die nach dir leuchtete, damit du mich siehst.«

»Oh je«, mehr bringe ich nicht hervor. Es sprudelt aus Thea nur so heraus und ich lasse das zu, denn es stimmt, ihr hat schon lange niemand zugehört. »Wenn ich nach dir rief, indem ich dir Gefühle und Bilder schickte, dann hast du mich wegblättert, als wäre ich nur eine Geschichte und du hättest keine Lust, sie zu Ende zu lesen. Es wäre schön, wenn du, denn jetzt kennen wir uns, mich nicht mehr wegblättern würdest, auch wenn ich vielleicht nur kurz gedanklich mit dir schmusen möchte oder ein kleines Liedchen summen. Ich möchte dann Aufmerksamkeit. Ich bin da. Bitte sei dann bei mir und hab mich lieb.« Sie hebt den Blick und schaut mich an.

»Jetzt merke ich es ... Ich spüre dich.«

Sie lacht und ihre Augen, ja, sie strahlen! Ganz deutlich kann ich es sehen. »Du bist bei mir und schau«, deutet sie zwischen uns, »die Schnur leuchtet und schon fühle ich mich wohl.«

Theas Atem fliegt zu mir, ihre Ärmchen greifen nach mir, fest und vertrauensvoll drückt sie ihren warmen Körper an mich. Es fühlt sich wunderbar an, sie einfach nur im Arm zu halten. »Kleine Thea, du hast ja so recht. Ich habe dich früher nicht gesehen, das tut mir leid.«

Jetzt schmollt sie ein bisschen. »Du hast sogar so getan, als wäre ich ein Witz. Du hast dich lustig über mich gemacht. Sebastian hat dir von mir erzählt und du hast nur schief gelächelt. Das hat mir sehr wehgetan.« Ihr Köpfchen ist gesenkt. Sie tut mir leid. Ich tue mir leid.

»Aber ich habe doch nicht gewusst, dass es dich wirklich gibt!«

»Wissen kannst du es auch nicht, sondern du musst es spüren. Du kannst zu mir hinfühlen und dann weißt du auch, was du brauchst, damit es dir besser geht. Wenn du heil bist, dann bin ich es auch. Wenn du gut für dich sorgst, dann sorgst du gut für mich. Und dann geht es auch deiner Familie besser.«

»Wie kann es sein, dass es Papa, Mama und Oma dann besser geht?«

»Wenn du dich heilst, dann heilst du auch deine Mutter, denn Heilung ist Frieden und Liebe. Oma wird dann glücklich, weil sie weiß, dass du nicht mehr so alleine bist. Sie merkt, dass es dir gut geht, weil du dich um dich selbst kümmerst und du geschützt bist, und Papa kann in Frieden bei sich selbst sein. Wenn du geschützt bist, dann bin ich es auch. Wenn du mich siehst, dann siehst du dich. Du musst dich nur um mich kümmern, dann bist du mit dir fröhlicher.«

»Aber Kind«, ich küsse sie auf die Stirn. »Wenn

ich zum Beispiel arbeite, dann kann ich nicht mit dir spielen, so sehr du dir das dann vielleicht auch wünschst. Ich kann nicht immer das machen, was du gerade brauchst oder was dich glücklich macht.«

»Es genügt, wenn du mich fühlst, mir kurz gute Gedanken schickst. Dann weiß ich, dass ich nicht alleine bin. Lege die Hände auf deinen Bauch, schließe die Augen und frage in dich hinein. Deine Worte werden mich finden und ich werde sie erwidern. Vielleicht können wir uns dann ja für später verabreden oder du machst eine klitzekleine Pause«. Sie schaut mich an. »Nur ein bisschen mit mir sein, meinst du nicht, dass das auch im Büro geht? Du würdest dich dann auch besser verstehen.«

Wenn es Theas Gefühle sind, die sich manchmal melden und die ich als meine Empfindlichkeiten oder Launen einfach abtue, wäre es wirklich besser, in mich zu spüren. Sonst arbeite ich mich nur weiter an Dingen ab, die ich im Hier und Jetzt gar nicht lösen kann, weil sie von einem inneren Kind kommen, dessen Verletzung in eine andere Zeit gehören, eine Zeit, die längst vergangen ist.

»Oft freue ich mich schon, wenn du mich nur bemerkst, und bin gleich wieder leise.« Sie lächelt.

Achtsamkeit und Wohlwollen sich selbst gegenüber heilen das innere Kind. »Mitgefühl für sich selbst«, hatte ich gelesen. Doch nun, da ich Thea wirklich spüre, begreife ich, dass man über den Kopf die inneren Kinder nicht erreicht. Sie sind kein Projekt, sondern haben einen Herzschlag, einen Puls.

»Du wirst nicht mehr alleine sein«, flüstere ich Thea ins Ohr. »Ab jetzt bin ich für uns da, werde ich dich spüren, sehen und für dich da sein. Wir werden miteinander sprechen und ich werde dir schöne Bilder schicken, mich zu dir hinträumen und dich wenigstens kurz fragen, ob es etwas gibt, das du gerade ganz dringend brauchst. Und damit ich dich und mich nicht mehr vergesse, soll der Mond unser Zeichen sein. Ich werde mir, wie du, eine Mondlampe ins Fenster hängen.«

Ab jetzt, das weiß ich, wird es auch mir besser gehen, denn wenn ich Thea beachte, beachte ich mich. Ihr Wunsch ist mein Bedürfnis. Sie zu fühlen, heißt, mich zu fühlen. Theas Bedürfnisse anzuerkennen, heißt meine Wünsche zu erlauben. Wie schön es ist mit diesem besonderen Mädchen hier zu sitzen. Thea, die mich dazu bringt, mir selbst ein Kind, Mutter, Vater und Großmutter zu sein.

Ankommen

Und dann klingelt es. Nur langsam reagiere ich darauf, will den schönen Moment nicht verlieren. Aber wenn das Frau Sukowisz ist, dann muss ich an den Apparat zu gehen.

»Meine Süße«, entschuldige ich mich. »Es tut mir leid, aber ich muss abnehmen. Keine Sorge, gleich bin ich wieder bei dir.« Behutsam löse ich mich von Thea. Nach ein paar Schritten, drehe ich mich noch einmal um.

Da sitzt sie, die kleine Maus, so verletzbar und doch so stark. Ich habe ein Geschenk bekommen, ein kleines Mädchen, das mir hilft, mich selbst besser zu verstehen. Es ist eine Begegnung, die mein Leben verändern wird. Seit wenigen Minuten weiß ich, dass ich nicht mehr alleine bin. Oder besser gesagt, ich weiß nun, dass ich nie alleine war.

Eilig nehme ich den Anruf entgegen. Tatsächlich meldet sich Hilde Sukowisz. Himmel, diese ganzen verworrenen Nachrichten, die ich ihr hinterlassen habe.

»Entschuldigen Sie bitte die späte Störung. Hatten Sie bei mir angerufen?«. Ach diese warme, Wiener Stimme. Aber jetzt schmerzt sie gar nicht mehr, sondern ruft schöne Erinnerungen wach und zaubert mir eine glückliche Stimmung ins Gemüt. Schnell stelle ich mich vor. »Ich muss mich bei Ihnen entschuldigen«, erkläre ich sofort, aber Frau Sukowisz unterbricht mich hektisch. »Es ist dumm von mir, ich sollte diesen alten Anrufbeantworter schon längst nicht mehr benutzen.« Was will sie mir damit sagen? »Sie haben mir Nachrichten hinterlassen, aber das Gerät funktioniert nicht mehr richtig. Ich habe Ihre Botschaften nur ganz zerrissen abhören können. Es ist mir so peinlich. Jetzt werfe ich das alte Teil wirklich weg. Sie müssen mir verzeihen!«

Am liebsten würde ich sie durch das Telefon hindurch umarmen. »Zum Glück konnte ich Ihre Telefonnummer verstehen. Von einer Sendung haben Sie gesprochen. Um was geht es denn genau?«

Schnell berichte ich ihr vom Thema der Sendung und frage, ob sie nicht ein paar Erfahrungen und Ideen dazu hätte.

»Oh ... innere Kinder. Ja, das ist ein wichtiges Thema. Als Psychologin habe ich mich viel damit beschäftigt.«

»Genau. Sie müssen unbedingt in meine Sendung

kommen«, lade ich Frau Sukowisz nochmals ein. »Ich glaube, Sie können außerdem viel über innere Sicherheit und Urvertrauen erzählen. Das gehört ja alles zur Idee vom inneren Kind.«

»Eine Idee ist das sicher nicht«, wirft sie sofort ein. »Wenn wir Menschen aufmerksam sind, können wir deutlich vernehmen, was uns erfreuen könnte, was uns kränkt oder fehlt. Wir können uns vertrauen, uns selbst fühlen, auch wenn der Anstoß dazu manchmal schmerzt oder ungewöhnlich ist. Wichtig ist doch nur, dass wir den Zugang zu uns finden.«

»Genau wegen dieser Sätze wäre es schön, wenn Sie kommen würden. Wissen Sie, ich hab so oft bei Ihnen angerufen, weil Ihre Stimme und Ihre Art zu sprechen mich sehr an meine Großmutter erinnert. Die kann ich nicht lebendig machen, aber ich kann nach Wien fahren und mich dort glücklich an sie erinnern. Obwohl«, ich muss grinsen, »Glück redaktionell betrachtet ein Auslaufthema ist.«

Als ich wieder ins Wohnzimmer gehe, ist Thea verschwunden. Ich blicke mich im Zimmer um, aber nein, sie ist wirklich nicht mehr da. Eine Kinderzeichnung liegt auf meinem Sessel. Es zeigt einen großen und einen kleinen Menschen, dazwischen schwebt ein Herz, das gelb ist wie ein Mond. Traurig betrachte ich das Bild. Dann merke ich, dass Thea ihren Mond bei mir gelassen hat. Fröhlich schwebt er am Geländer.

In Theas Zimmer brennt kein Licht mehr. Unbelebt sieht das Gebäude jetzt aus. An der Hauswand hängt ein Schild, das mir entgegenleuchtet. Bisher ist es mir nicht aufgefallen. »In wenigen Wochen sind alle Wohnungen einzugsbereit«, steht darauf. »Noch können Sie Ihre neue Heimat mieten.«

Erstaunt lasse ich das Fernglas sinken. Nein, ich werde das Geschehene jetzt nicht infrage stellen. Es gibt Thea, ich weiß es, ich kann sie spüren und ich habe sie erfahren. Die Wohnung da drüben ist nun wieder frei. Frei für eine Geschichte, die ein anderer Mensch erzählen muss. Was ich suchte, habe ich gefunden, und »mieten« muss ich meine Heimat nicht. Sie ist in mir. Als ich zum schwebenden Mond an meinem Balkon schaue, löst er sich vom Geländer und fliegt in den Nachthimmel. Da sind sie nun. Der echte große und der kleine Mond.

Wieder klingelt das Telefon. Diesmal ist es Paul. Seine Stimme ist voll Gefühl und ganz sentimental. Er flüstert mir liebe Worte ins Ohr, gesteht mir, wie sehr er sich nach mir sehnt.

»Wenn du heimkommst, hab ich dir viel zu erzählen«, freue ich mich und merke, dass ich vor Rührung weine. »Es ist eine schöne Geschichte und ich verspreche dir, sie geht gut aus und wird schön bleiben.«

»Du klingst so anders.« Das Erstaunen in seiner Stimme ist deutlich zu hören.

»Nicht anders«, beruhige ich ihn sanft »nur irgendwie geheilt.«

Wie erklärt man, dass es innere Kinder wirklich gibt? Vielleicht mit: »Es ist so schön dich zu lieben und gleichzeitig auch ganz bei mir zu sein«?

Als wir das Gespräch beendet haben höre ich in mich hinein. »Wir können anfangen«, sagt die kleine, leise Stimme. Ja, das werde ich, stimme ich zu und meine damit nicht nur die Sendung, sondern die vielen Rendezvous, die ich mit mir selbst erleben werde.

Ende

Zum Weiterlesen

Liebe Leserinnen, liebe Leser
wenn man ein Buch schreibt, einen kleinen Roman, kommt man nicht nur einer Figur, sondern auch sich selbst immer wieder ein Stückchen näher. Das »innere Kind« ist ein wichtiger Zugang in den Garten der eigenen Seele. Ich würde mich freuen, wenn ich Ihnen diese Pforte etwas öffnen konnte. Falls Sie nun auf sich selbst neugierig geworden sind und Lust bekommen haben, bei diesem Thema zu verweilen, möchte ich Ihnen die Bücher empfehlen, die mir Impulse gaben und Anregung waren.

Mike Hellwig
Befreie dein inneres Kind
Herder Verlag, 2011

Erika J. Chopich & Margaret Paul
Das Arbeitsbuch zu Aussöhnung mit dem inneren Kind
Bauer Verlag, 1995 (3. Auflage)

Stefanie Stahl
Das Kind in dir muss Heimat finden
Der Schlüssel zur Lösung (fast) aller Probleme
Kailash Verlag, 2015

Das Arbeitsbuch
Kailash Verlag, 2017, 1. Auflage

Isha & Mark Lerner
Tarot für das innere Kind
Buch und Karten
Silberschnur Verlag, 2012 (3. Auflage, überarbeitet)

Ihre Mo Marlitt

Leseprobe

Mo Marlitt

Lady Buddha

Finde die Liebe in dir selbst

978-3-451-06938-3

Aus Kapitel 1 »*Nur weg hier!*«

Es gibt ein sehnsuchtsvolles Gefühl nach Ruhe, Liebe und Leben in mir«, gestehe ich meiner Freundin Friederike. »Irgendwie und auf eine sehr spezielle Weise«, versuche ich zu erklären, »habe ich es nicht geschafft. Da fehlt ein Puzzlestein. Obwohl ich meinen Job zum Beispiel sehr mag. Aber ich habe es nicht geschafft. Ich bin in mir nicht zu Hause.«

Was das genau ist, dieses »geschafft«, und was ich meine mit »Zuhause«, kann ich nicht in Worte fassen. Es ist ein Gefühl, das ich seit meiner Kindheit habe und das sich schmerzhaft meldet, wenn ich Menschen wie Friederike treffe. Menschen, die auf eine ganz spezielle Weise satt und gesegnet sind. Friederike ist immer im Einklang mit sich. Sie ist beliebt, hat viele Freunde und eine warmherzige Familie. Natürlich hat sie auch schon tiefe Täler durchschritten. Auch ihr ist nicht alles in den Schoß gefallen. Aber sie hat eine Art Urvertrauen, das ihr hilft und sie unterstützt. Wie Friederike wäre ich auch gerne. Das ist kein Neid, sondern eher ein Verlangen.

Vielleicht ist es dieser Vergleich, der mich darauf bringt, dass eine Auszeit eine Wende ermöglichen würde. Raus aus dem Trott, hinein ins Behagen. Und nun stehe ich in diesem Zimmer.

»Hier kann ich unmöglich bleiben«, stößt es aus mir hervor. Diese Bude ist eine Absteige und die Funzel von einer Lampe leuchtet das Entsetzen dieses Raumes aus: Zusammengewürfelte Möbel, ein schlichtes Bett und schwere Vorhänge, die den Raum erdrücken. Ich atme tief durch und meine Augen suchen verzweifelt etwas, das ihnen gefallen könnte. An der Wand hängt ein Bilderrahmen mit einem Engelporträt darin. Doch der macht das Grauen hier auch nicht besser, im Gegenteil. Wenigstens bei der Eso-Deko hätten die sich ein bisschen ins Zeug legen können.

Die Erschöpfung mischt sich jetzt mit großer Enttäuschung. Schwerer Nebel legt sich über meine Seele und lähmt meinen Körper. Als wäre ich nicht sowieso schon am Rand meiner Kraft! Mehr als hundert Überstunden haben mich so weit gebracht, dass ich nichts mehr stemmen konnte. Jede To-do-Liste wurde zu einer Rucksackladung voller Steine. Und alle diese Steine kullern in diesem Augenblick auf den Boden und schreien mich an: Was hast du dir dabei gedacht, hierher zu fahren? An diesem Ort wirst du dich unmöglich erholen können.

Das Bett ist so schmal, als wäre es für eine Novizin aus dem 17. Jahrhundert gemacht. Ich bin größer, ich brauche Platz. Meine Müdigkeit will sich einkuscheln, streicheln lassen und was ich ganz besonders brauche, sind Antworten. Deswegen habe ich mich auf den Weg gemacht. Ich muss wissen, was ich tun kann, damit mein Leben nicht weiter zerfasert. Damit ich in innerer Harmonie lebe. Schon spüre ich erste Tränen über meine Wangen kullern. Dabei habe ich schon ganz lange nicht mehr geweint. Nicht mal aus Liebeskummer. »Ich bin ein tapferes Mädchen, ich bin eine Kämpferin. Ich schaff das!«, versuche ich die Felle zurückzufischen, die mir gerade emotional davonschwimmen.

Mit einem Seufzer lasse ich mich in den kleinen Sessel fallen. Er wackelt beängstigend. Schützend ziehe ich mein weiches Jäckchen enger um meinen Körper. Niemals werde ich es in diesen Sperrholzkleiderschrank legen! Das ist reinster Kaschmir aus

Nepal. Dort wird er nur Fäden ziehen oder Motten stürzen sich mit zähnefletschender Gier auf ihn.

Auf dem Couchtisch liegt ein Werbeprospekt des Hauses. Worte wie »Sinnfindung«, »Tiefe Seelenerholung«, »Liebevolle Zuwendung« und »Ankommen!« stechen mir ins Auge. Genau das wünsche ich mir. Alle Falten, so habe ich gehofft, würde die Seelenerquickung glätten. Das Graue würde sich lösen und ich Yogitee mit einer Haltung trinken, als wäre es Champagner. Ich werde mich wieder über mich freuen, wenn ich in den Spiegel blicke. Da es hier aber keinen Spiegel zu geben scheint, ist dieser Punkt vorerst sowieso hinfällig. Was ist das eigentlich für ein Beutel auf meinem Kopfkissen? Neugierig stehe ich auf, schnappe mir das karierte Säckchen und schnuppere daran. Der Duft von Blüten und Kräutern strömt mir entgegen – ich hasse Lavendel.

…